歴史情報学の教科書

国立歴史民俗博物館プレゼンツ
後藤 真・橋本雄太［編］

歴史のデータが世界をひらく

文学通信

目次

- 004 ● ご挨拶・新たな学の創成に向けて　久留島 浩（国立歴史民俗博物館 館長）
- 006 ● はじめに　後藤 真

- 011 ● **chapter 1**　人文情報学と歴史学
  後藤 真（国立歴史民俗博物館）

- 023 ● **chapter 2**　歴史データをつなぐこと－目録データ－
  山田太造（東京大学史料編纂所）

- 037 ● **chapter 3**　歴史データをつなぐこと－画像データ－
  中村 覚（東京大学情報基盤センター）

- 053 ● **column.1**　画像データの分析から歴史を探る
  －「武鑑全集」における「差読」の可能性－
  北本朝展
  （ROIS-DS人文学オープンデータ共同利用センター／国立情報学研究所）

- 059 ● **chapter 4**　歴史データをひらくこと－オープンデータ－
  橋本雄太（国立歴史民俗博物館）

- 075 ● **chapter 5**　歴史データをひらくこと－クラウドの可能性－
  橋本雄太（国立歴史民俗博物館）

- 095 ● **chapter 6**　歴史データはどのように使うのか
  －災害時の歴史文化資料と情報－
  天野真志（国立歴史民俗博物館）

107	**column.2**	歴史データにおける時空間情報の活用
		関野 樹（国際日本文化研究センター）
113	**chapter 7**	歴史データはどのように使うのか
		－博物館展示とデジタルデータ－
		鈴木卓治（国立歴史民俗博物館）
131	**chapter 8**	歴史データのさまざまな応用
		－ Text Encoding Initiative の現在－
		永崎研宣（人文情報学研究所）
155	**chapter 9**	デジタルアーカイブの現在とデータ持続性
		後藤 真（国立歴史民俗博物館）
169	**column.3**	さわれる文化財レプリカとお身代わり仏像
		－ 3D データで歴史と信仰の継承を支える－
		大河内智之（和歌山県立博物館）
177	**chapter 10**	歴史情報学の未来
		後藤 真（国立歴史民俗博物館）
189		おわりに
192		付録（用語集／学会・雑誌案内／大学案内）
206		執筆者一覧

ご挨拶 ● 新たな学(がく)の創成に向けて

久留島 浩（国立歴史民俗博物館 館長）

　平成28（2016）年度より、国立歴史民俗博物館では「総合資料学の創成」事業を開始した。この事業は、大学や博物館などにあるさまざまな歴史資料を、多様な研究分野から分析することで、個々の資料に新たな情報を付与して新しい研究資源にするとともに、研究資源化した大学の博物館の歴史資料をネットワークで結ぶことで共有しようとするものである。この新しい学問を構築するために、わたしたちは、人文情報学と協業すること、文・理および文・文という異分野間の研究連携を図ること、この研究成果を地域における教育に活かすことを三本柱として設定し、これらを連携させるべく努力している。本書はこの3つの柱のうち、特に人文情報学との協業に関わって、人文情報学がどのように総合資料学という新しい歴史資料学（あるいは歴史情報学）に寄与しうるのか、そのことで人文情報学自体が学としての内容を豊かにすることができるのか、ということを示そうと試みて編集した「教科書」である。新たな学問を学問として成り立たせるためには、新たな人材の教育方法を考案することが必須であり、目的意識的かつ持続的にその教育を行う（あるいは自ら学ぶ）ことができなければ学問とはいえない。その意味では、どのようなカリキュラムを組めば、その学問の輪郭を明確にすることができるのか、という点が最も重要であると考える。

　国立歴史民俗博物館では、現在、大学共同利用機関として、大学の研究機能強化に資するような共同研究の推進にとどまらず、教育面での機能強化に寄与しうる教育プログラムの考案と実践にも力を入れている。ほかの関連する事業とともに、総合資料学が大学で必要とされる教育（学習）プログラムとして成り立つように、多くの大学と協定を結んで連携を進めようとしている。本書が、こうした活動の第一歩となれば幸いである。

プロジェクト「総合資料学の創成」について

「総合資料学の創成」公式サイト：https://www.metaresource.jp/

総合資料学情報基盤システム「khirin」
公式サイト：https://khirin-ld.rekihaku.ac.jp/

日本歴史資料をさまざまな側面から見ていくため、また日本にある／日本の歴史資料をゆるく総合的に見るためのシステムとして作られました。歴博及び歴博と連携をしているさまざまな機関の資料データ、歴史研究のデータを検索できます。

詳しくは本書68頁をご覧ください。

はじめに

後藤 真

1. 瀬戸際の人文学

「人文学の危機」が叫ばれて久しいが、そこから改めて人文学の可能性も議論され始めている。

いわゆるAIの倫理問題への貢献や、2015年9月の国連サミットで採択された「持続可能な開発目標」(通称SDGs。「持続可能な開発のための2030アジェンダ」に記された具体的行動指針)への貢献なども含めた人文学への「期待」は、可視化されつつある。しかし、日本におけるその「期待」は「ラストチャンス」ではないかという指摘もある。現在は、危機は続いているとともに、危機が現実になってしまう瀬戸際にあるのではないだろうか。

わたしは、以前、本書と同様の教科書として『情報歴史学入門』(金壽堂出版、2009年)という書籍の執筆に関わったことがある。その中の「はじめに」で、「『歴史学なき歴史』が広まり、学問に基づいた社会的判断ができなくなるのではないか」という危惧を示した。あれから10年。その危機感は本質的には変わっていない。研究者の側からも、同様の危機感から実際的な提言を行う場面も現れており、そのこと自体には、敬意を表する。その一方で、学問の基盤が崩れていき、その結果「学なき」状況が来ることを憂うのである。これは、歴史学だけではなく、さまざまな学問でも同様であると考える。

そして、この憂いの原因は、社会の側にのみあるのではない。日本の人文学を行う側が、旧態依然たる速度感にとどまり、国内外からの「見える化」への要請に対応しきれていない部分があると考えている。かつて人文学に権威があったとされる時代、その知見を書籍などのさまざまなかたちで可視化し、社会の深層部でコミットすることでそれを担保できていたのではないだ

ろうか。社会がより複雑化し、研究が細分化した現在、社会の深層にコミットする成果を一朝一夕に出せるとは考えていない。ただ、デジタル時代になり、「見えるもの」のゲームチェンジが行われつつある状況で、「見せるもの」だけでも変えることで、人文学の権威はともかく、そのありようだけでも見せられるようになるのではないだろうか。

　しかし、実際にはそれらのゲームチェンジに日本の歴史学が対応しているとは残念ながらいいがたい部分がある。歴史学の成果を公開する媒体そのものが変化しない中で、それらの「良質な情報」にアクセスできる人びとは高齢化し、人口減少の中で着実にその基盤が揺らぎつつある。その一方で新たな「社会」「メディア」の側では歴史学に基づかない情報が氾濫するとともに、むしろ歴史学などの関与が遠くコントロールできない中で「良質な情報」となるものすら生まれつつある。結果的にさまざまな文脈において歴史学は厳しい状況に置かれつつある。学会への参加者の減少や、大学における歴史学の講座が継続されないことなどは、まさにその端的な状況を示しているといえるであろう。

2. 人文学の「可能性」にかける

　わたし自身は、歴史学という学問そのものの重要さについては、疑ったことはない。しかし、学問が重要であるということと、その個別の手法が重要であるということや、その手法を支えるメディアが重要であるということは、すべて位相が異なるのである。学問そのものを守るために、新たなメディアや新たな手法を広く取り入れ、「複線化」を図ることは有益であると考えている。

　一般的には、歴史学を含む人文学は生命の維持に直結しない学問であるという言い方をされることがある。しかし、実際には、そうとも言い切れないのではないかと最近は考えている。人文学は社会そのものを考え、社会のあるべき姿を考える学問である。そして、これらの人文学の成果が社会に展開

されないということは、社会的な矛盾や課題を解決できないということにもつながる。場合によっては、光が当てられなければならないマイノリティなどが圧殺されるような事態につながり得る恐れすらある。そのように考えれば、人文学や社会科学は人の生命を、それも大量の人の生命の維持を担う学問であるといってよい。

　人文学や社会科学は、社会を支える必須の学問であるとともに、「可能性」を持っているのだ。

　わたし自身は、そのような人文学の「可能性」にかけている。可能な限り「人文学を可視化」させるための研究の基礎に、人文情報学が貢献することを切に願うものである。

3. 学問自体を「場」として設定する

　わたしは現在、国立歴史民俗博物館（歴博）が行うプロジェクト「総合資料学」に携わっている。本書はこのプロジェクトをベースに作られたものだ。歴史資料への人文・社会科学と自然科学の分析について、さまざまな学問分野からの統合的アプローチによる研究を行うことを通じて、異分野連携・文理融合を図り、新たな知の発見につながる学問分野を創成していこうとするものである（詳細は「おわりに」を参照）。

　この「総合資料学」の最大の特徴は、学問自体を「場」として設定していることにある。歴史に関わり、複数のディシプリンを持ったものが集まり、ある問題を解決するために議論をし、その中から成果を作り出していくのである。異分野融合や異分野連携、といった言葉は、近年特に人文学をめぐる場の中でよく出てくる。このような分野融合が本質的に意味するのは「課題解決」を行うための「手段」である。しかし、歴史を題材として解決すべき課題は多岐にわたり、ひとつの融合が解決できる方法には限度がある。また、先に触れたSDGsでは、人文・社会の知見と、自然科学の知見の連携による課題が求められているが、この課題も非常に多彩であり、例えば〇〇学と歴

史学の融合ですべてが解決するというものではない。そのため、複数の手段を駆使することで、新たな歴史像に迫ることこそが、本来の目指すべき姿であるといえよう。ある課題に対して、複数の「連携」を行うことで、課題解決を実施することが求められている（無論、この課題は単なる社会の解決に直結するものだけではなく、純粋に学問的な課題もある）。

そのため、「総合資料学」はそれらの複数の課題解決の「場」であるべきではないかと考えた。歴史資料を対象として、課題を設定して複数の学問分野の研究者が集う場が必要ではないかと。

そして、その場のプラットフォームとして情報基盤の構築が必要である。それは、デジタルの時代に基礎となる資料の情報を共有し、そこからの解釈を共有し、成果を共有することが、異分野連携の第一歩だからである。また、それらの成果が、オープンに参照され、新たな資料となり、新たな研究の資源となることが求められている。これらのプラットフォームがあって、新たな異分野連携の場が作られるのである。

そして、このプラットフォームの構築と活用には、人文情報学の知見が欠かせない。人文学に関わる資料を「正しく」知り、それをデータとして構築することのできる技法がなければ、学問として使うことのできるデータにはなり得ないのである。とりわけ、人文学の手法は、ひとつひとつの精緻な検討と、大きな学問のデザインという点に特徴がある。そのような精緻さを担保するのが、このようなデータ構築なのである。

このような手法は、無論、情報学との連携を欠かすわけではない。情報学のさまざまな手法は、人文学の可能性を大きく増やすとともに、人文学は「何をやってきたのか」を問い返す鏡となり得る。情報学の技法を取り入れ、分析・処理を行いつつ、人文学の知見をもとにデータを構築し、多様な分野のプラットフォームとなることが、「総合資料学」の目指すところである。その道のりは簡単ではない。しかし、その試みを行い、人文学研究とともにデータを構築し、人文学を研究する研究機関がそのかたちを出すことによって、その

未来を少しでも切り開くことができるのではないだろうか。本書はそのための良き案内となるはずである。

4. 本書の読み方

この『歴史情報学の教科書』は全10章で構成されている。基本的には、最初から順番に読めるように構成されているが、第2章から第8章は、それぞれ独立した章としても読むことができる。とりわけ第2・3・4・7・8章は、歴史資料のデータを情報化し、それらを活用するための手法が書かれている。それぞれの研究の目的に合わせて読んでほしい。また、コラムは、比較的進展したものを入れているので、少し難しい概念などに挑戦するという観点から読むといいだろう。さらに、本書の最後には、用語集・学会や雑誌の案内・関連する大学案内などを付録としている。随時、これらの情報を参考にしながら読み進めてほしい。

本書は、主にさまざまな歴史資料をデータ化し、それを発見するという観点を中心に作られている。この理由は第1章にも書いたが、具体的な解析手法について、特に歴史資料を対象にしたものについては研究が安定していない部分もあり、現時点では記述が少なくなっている。

今後も、いくつかアップデートをしていく予定ではあるが、まずは歴史資料の情報化に関する研究のうち、特に比較的安定した成果を出している部分を中心に掲載している。

また、第9・10章では、歴史情報学の現在と未来を広く書いている。特に第10章は、歴史情報学を志す皆さまにとって、自身がどのように今後の研究を進めていくのか、どのような視点を持てば最終的な成果（論文や学会発表）になるのかなどのヒントを書いている。個別の章を読んだあとに、ぜひ第10章を読み、ご自身の成果につなげられるようにしてほしい。

chapter 1

人文情報学と歴史学

後藤 真（国立歴史民俗博物館）

1. はじめに－人文情報学とは何か

　人文情報学とは、そもそも「人文学に情報学の技法や技術を応用する学問」として定義されます。人文学のある課題に対して、情報学のさまざまな技術を適用することで、人文学がこれまでに見つけてこなかった知見を新たに発見できる、もしくは人間の行う作業を省力化することで人間にしかできない研究の時間などをなるべく確保し、新たな知見への可能性を高めることを目指す学問です。なお、少なくとも本稿執筆現在ではあまり一般的ではないですが、情報学の研究開発に人文学の成果を用いるということも、この学問のスコープに入っています。例えば、AIのさまざまな分析に人文学的な倫理観などの思考を入れることが対象となるでしょう。または、コンピュータプログラムの技術に対して、人文学の技法そのものを当てはめるなどの議論も考えられます（無論、コンピュータプログラムの多くは人間の思考を抽象化したものですが、実際にこれらの新規開発において具体的な人文学とのコラボレーションはありません）。したがって、多くの場合は上記の通り、人文学の成果への技術応用と考えて差し支えはないでしょう。

　日本において、歴史学を正面から捉えつつ、歴史情報学の研究を行っている組織は、現時点では国立歴史民俗博物館のみ、とも（ややいいすぎかと思い

ますが）いえます。しかし、無論、歴史情報学を包含する人文情報学全体や、情報学の文脈において、歴史学と情報学に関わる研究を進めている研究組織や学会はあまたあり、そこで重要な研究が多く生まれてきているのは事実です。さらに歴史学の文脈からも、特にデータベースの構築に関わった重要な研究が生まれてきつつあります。そして、デジタルアーカイブという大きなうねりの中でも、歴史資料の高度なデジタル化が進められつつあるのが現状です。本章では、このような歴史学に関わる人文情報学の研究状況を概観し、さまざまな研究の情報を得ることを目指すことにしましょう。なお、デジタルアーカイブに関わる状況については第9章で述べるため、この章では触れません。

2. 日本における歴史情報学・人文情報学の研究状況

　まずは、一般的な人文情報学の傾向について述べるとともに、その研究の中心となる学会について簡単に述べておくことにします。人文情報学の研究傾向としては、大きくは発見系・解析系・可視化系の3つの系列があるといってよいと考えます。

　発見系は人文系の大規模な情報群・データ群の中から必要なものをいかに効率的に発見することができるか、もしくは研究の目的に沿って見つけることができるかを研究する系統にあたります。いわば人文系研究の「スタート」の部分をフォローすることを中心とした研究の系統であるといってよいでしょう。

　解析系は、テキストや絵画などをデータ化し、それらのデータについて、コンピュータプログラムを用いて分析し、人間の手法と異なるアプローチを行う系統です。解析系は人文学が行っている研究の中でも、特に分析「経過」を新たなかたちにしていくことを目指したものであるといえるでしょう。

　可視化系は、研究成果を中心にいかにわかりやすく研究者以外の人びとに見せるかなどを研究するものです。特に、人文系研究の最終的な「出口」の

部分で、新たなかたちを担うものにあたります。

　一人の研究者やひとつのグループが、どれかひとつの系統のみを研究することということではありません。例えば、テキストデータを使ってある特定の文章の傾向を導き出すとともに、検索結果などについて可視化を行ったり、情報発見の手法にテキスト解析の成果を取り入れたり、異なる系統の複数のアプローチを取ることは十分にあり得ます。ただし、多くの場合は、この3つのうちどれかひとつの方向を特に中心的なテーマとし、それに派生するかたちで研究をするという傾向が多いのは確かです。

　発見系の研究としては、近年の重要なキーワードに Linked Data やセマンティック Web などがあげられるでしょうか。これ以外にも巨大なデータベースの構築手法や長期保存も、この研究の文脈に入ります。本書で触れる TEI・IIIF も比較的近い方向ですが、TEI は解析にも用いられることが多いです。

　解析系の研究としては、テキストの計量解析がもはや「古典」といってよいものになっています。本章の後半でも触れますが、KH Coder のような便利なツールも生まれていますし、それらのツールを使い、比較的容易に研究を進めることができるようになっています。また、画像解析などもディープラーニングの進展によって進んできています。近年だとくずし字の解析や OCR などへの活用も、この系統にあたるでしょうか。

　可視化系の研究としては、これまでは GIS のような、資料情報の空間上へのプロットなどが大きなテーマでした。これに加え 3D での表現技法などの研究が進んでいます。近年はデバイスの発達によって、VR や AR のような研究も大きく盛り上がってきています。

　本書では、コラムを除くと、発見系の研究を中心に取り上げることになります。それは、日本における歴史情報の研究はほとんどの場合、発見系だからです。

　この理由はいくつかあります。ひとつには、そもそも歴史学が対象とする資料の「幅広さ」に起因します。歴史学がひとつの研究を行う際に対象とす

る資料は、非常に幅が広いのが特徴です。例えば、ある研究を行うのに日記資料のようなまとまった文章になったものと、古文書のような手紙類、法律関係などの公文書を同時に、それも研究上同じ重さを持って扱うことは、極めて普通の行為です。その場合、大量にある資料の中からそれらの情報を発見することが重要であり、その発見行為をサポートすることが、歴史学研究に重要な貢献をもたらすといえる部分があります。また、この「幅広さ」は解析系の研究の大きな障壁になっているのも事実です。計量解析を行う際に、比較的似た性質の資料を扱うことができれば、前提となる知識が同じになるため、解析の意味を読み取りやすいのですが、性質の大きく異なる資料を対象とする場合には、コンピュータによる結果を判断するのが困難になります。例えば、ある人物Aの日記と人物Bの手紙群の文体解析を行いたいとします。両者とも一定のテキスト量があったとして、その頻出語句の解析自体は重要になるかもしれません。しかし、その両者を比較しようとしても、そもそも書いている文章のあり方が違いすぎるので、成立しないということになります。両者の日記が比較できればよいのですが、往々にして人物Aは日記だけで手紙類は残っていない、人物Bは日記がない、といった事態が起こります。そのため解析研究が進みにくいという側面があります（言い換えれば、解析研究を行う際には、前提としてその資料の理解をしっかりと行っておく必要があるといえます）。

　もうひとつの特徴は、そもそもデジタル化の遅れがあり、デジタル化を推進するとともに研究を実施しているという側面があります。歴史資料に関するデジタルデータは、決して多いとはいえません。特に解析に使える資料群は少なく、基本的なデータをしっかりと作るために、多くの資料を持っている研究者が努力している状況です。歴史情報に関わる研究者が結果的に資料所蔵の機関にかたよってしまっているという側面もあるでしょう。そのため、その情報基盤を発見するための研究が多いともいえます。可視化に関する研究もありますが、博物館などでの成果の公開という側面が大きくなっており、

一部のサンプルでの可視化にとどまる例が多いです。

　言い換えれば、これらの課題を突破し、分析系の研究を行うことができるならば、それは特に若い研究者にとってみれば大きな可能性になるともいえるでしょう。特にテキストが持つ特殊性のような課題を乗り越えることで、新たな研究へとつなげられる部分があるともいえます。無論、海外、特に英語圏については多くの研究蓄積がありますので、それらの事例を参考にしつつ、日本の歴史資料に当てはめてみることはできるでしょう。

3. 情報を得るために人文情報に関わる学会とその傾向

　次に、これらの研究に関する情報を取得したり、発表するための学会について述べてみたいと思います。特に人文情報（Digital Humanities）に関するものがその中心になります。

　まず、世界レベルでは Alliance of Digital Humanities Organization（ADHO）と呼ばれる学会連合での活動が中心となっています。ADHO はヨーロッパにおける Association for Literary and Linguistic Computing（ALLC）、米国での Association for Computers and the Humanities（ACH）、カナダの Society for Digital Humanities/Société pour l'étude des médias interactifs（SDH/SEMI）と呼ばれる学会が連合して作られたものです。その後、世界各地の DH 学会の連合体となっており、日本においても JADH（Japanese Association for Digital Humanities）という団体がこの ADHO に加盟しています。ADHO は年に一度国際会議を開き、人文情報学におけるトップカンファレンスとして位置づけられています。国際的には、まずこの学会で発表するということがひとつの目標になるでしょう。2019 年の大会（2018 年に投稿したもの）では、1000 に近い投稿があるなど、大変に活発であるとともに、採択されるのも大変になりつつありますが、ここへの投稿をまずは目指しましょう。

　また、その前段階として、日本国内で英語で行われる国際会議である JADH で発表するというステップを踏むことも必要です。

そして、日本国内では、このJADHのほかに情報処理学会の研究会（SIG）である人文科学とコンピュータ研究会（以下、CH研究会と呼びます）というものがあります。CH研究会は人文情報学における最も「老舗」の研究会のひとつであり、1999年より年に一度国内では最も大きなシンポジウムである「人文科学とコンピュータシンポジウム（通称「じんもんこん」）」を開催するとともに、年に3回（2016年度までは4回）の通常の研究会を行っています。このCH研究会は対象とする分野も広く、歴史のみならず、人文情報の観点から発見・解析・可視化のすべての研究が満遍なく見られる点が特徴です。日本における人文情報学の現状を、特に技術的な文脈も含めて確認する際には、このCH研究会の研究報告などを確認することから始めると研究史を含めて広く理解できるでしょう。とりわけ、年に一度開かれる「じんもんこん」は、日本における人文情報・歴史情報の最新の動向を見る上で、最も重要な会議といえます。また、この研究会の全体の学会となる情報処理学会の論文誌においても、人文科学とコンピュータに関わる特集が組まれるようになっています。情報処理学会の論文誌は日本国内では比重の大きなものですので、特に技術的な新規性をもととした研究で、日本語での成果発表を行いたい場合には、ここがひとつの目標になります。

　日本におけるCH研究会と海外のDHの研究は当然密接なつながりがあります。しかし、このふたつには若干傾向の違いも見られます。その最も大きな違いは、CH研究会では発見系・可視化系の系統がこれまで比較的研究の数としては多い傾向があったのに対して、DHは解析系が優位だったことです。CH研究会においては解析系、とりわけテキスト解析が決して多いわけではない状況が長く続いていました。この理由としては、CHが情報処理学会という情報工学の研究の中に位置づけられていることがあげられます。一方でDHはもともと人文系のテキスト分析などの研究者がコンピュータを応用することから始まっていたこともあり、分析系の研究が非常に多いです。とりわけ、解析ツールの開発とテキストデータの標準化などの研究が多

いという傾向を持っています。しかし、両者の交流が密接に進んだ近年ではそれらの差異も減りつつあります。CHでも解析系研究が多くなり、一大潮流となっている一方で、JADHなどでも発見・可視化の研究が多く発表されるなどその間の差はなくなりつつあるのが現状です。しかし、「どのような読者が多いのか」といった傾向や、比較的古い論文を探す際には、その傾向は知っておくとよいでしょう。

　CH研究会やDHの学会以外にも、複数の学会があります。情報知識学会や、アート・ドキュメンテーション学会、デジタルアーカイブ学会などが国内学会としては代表的な存在でしょう。

　情報知識学会は、特に図書館情報学に近い分野での研究が多い点が特徴で、研究成果の解析などもその対象となっています。また、リポジトリなどの研究も、情報知識学会の中では深く議論されています。この傾向はCH研究会ではあまり見られません。情報知識学会は年に一度の大会と、同じく年に一度、企画を中心とした「情報知識フォーラム」を開催しています。さらに、情報知識学会は年に4冊の論文誌を発行しており、コンスタントに論文というかたちでの情報を得ることができるとともに、迅速な学会での成果公開が行われている点も特徴といえるでしょう。

　アート・ドキュメンテーション学会は、特に美術館・博物館の関係者が多いのが特徴です。そのため、特にメタデータなどの議論が盛んであり、さらに現場の現状に即した研究報告も多くされています。この点では、日本でも他学会と異なる独自の研究方向があるといえるでしょう。年に一度の大会と、秋季に研究集会が行われており、学会誌としては『アート・ドキュメンテーション研究』を刊行しています。

　デジタルアーカイブ学会は、デジタルアーカイブの近年の大きな隆盛を受けて作られた学会です（2017年設立）。この学会は、裾野が広いことが特徴として指摘できますが、これまで紹介してきた学会との大きな違いは、法制度部会があるという点だと考えます。そのため、この学会では特にオープンデー

タや、デジタルアーカイブの著作権などの問題を、学会の中で広く取り扱っており、この点は他の人文情報系の学会では見られない取り組みです。年に一度の研究大会を開催し、『デジタルアーカイブ学会誌』を刊行しています。

　このような学会が人的交流を持ちつつ、研究を進めています。それぞれの学会が、完全に機能特化しているわけではありません。それぞれに跨りながら研究を進めています。しかし、各学会の特徴を把握しておくことで、自身の研究に関わる情報入手や、研究発表による助言をより効果的・効率的に得ることができるでしょう。

　海外の学会を含む全体のリストを本書の末尾に置くので参考にしてください。

4．どのような研究があるか－ツールとデータベース

　次に、日本で開発され、特に人文情報学の学会などで発表されている、歴史情報学の研究に使用できるデジタルツール類を紹介します。あとで紹介する大規模データベースなどの事例の量に対して、デジタルツールの開発は、現時点ではそれほど多いとはいえません。しかし、知っておくことで研究の進展に有益なものもありますし、ツール開発などのためにはどのような研究をすればよいかのヒントとしても有益です。

▶ **時間情報解析ソフトウエア　HuTime**（http://www.hutime.jp/）

　特に日付に関してさまざまな分析を可能としているソフトウエアとその関連プロジェクトを HuTime と呼称しています。大きくは3つのツールに分かれます。ひとつは、時間情報をさまざまなかたちで可視化するデスクトップアプリケーションツール。もうひとつは、日本における時間の表記を変換し、コンピュータによりわかりやすい形式にする Web サービス、そして時間情報に関する RDF データを提供しているシステムになります。これらのシステムにより、和暦の表記などを西暦などに変換し、コンピュータでも使用可能にすることができる点が特徴です。このシステムについては、時間情報の

基盤データとしても活用することができるでしょう。

▶ **日本語のテキスト解析ソフトウエア　KH Coder**（http://khcoder.net/）

　日本語について、形態素解析などの分析を行うとともに、それらを可視化することができるツールです。KH Coderは非常に多くの可視化ツールを持っており、日本語資料の基礎的な分析を行う場合には、このツールを用いることから始めるとよいでしょう。このツールで何ができるのか、そして、解析を行うことで何が見えてくるのかなどを知ることができます。

▶ **国立国語研究所による日本語の歴史的コーパス**

（https://pj.ninjal.ac.jp/corpus_center/chj/）

　国立国語研究所は、日本語のさまざまなコーパスを提供しており、広く歴史研究に使えるものもあります。「日本語歴史コーパス」は、奈良時代から明治・大正に至るまでのコーパスを広く提供しています。また、「オックスフォード・NINJAL上代語コーパス」は上記のコーパスよりさらに古く、万葉集など、奈良時代以前の和歌を中心としたコーパスデータとして構築されており、日本語の歴史的な資料を分析する前の基本的なデータとして有益です。

▶ **日本語のくずし字練習ツール「KuLa」**

　「みんなで翻刻」（https://honkoku.org/）を作成した橋本雄太氏が開発した、古文書を読むために必要な「くずし字」を学ぶためのスマートフォンアプリケーションです。変体仮名と基本的な漢字について、テスト機能を使いながら学ぶことができます。このように、歴史資料を勉強するためのツール開発も重要なひとつの分野になっています。現状では実験的なものが多いですが、必要な資料を取り込み、最終的なアプリケーションにしたという点においては、KuLaはひとつのベンチマークといえるでしょう。

　これらのツールは、無論、歴史研究のみに限らず、広く人文情報学の中で注目される案件です。当然、日本における歴史資料を分析する際にも有用な

ものとなっています。

　次に、関連する大型のデータベースの紹介をします。これらは、まさに発見系研究を進める中心的な拠点であり、データ発見の技法には、人文情報学の多くの知見が活かされています。

▶ **東京大学史料編纂所データベース**（http://wwwap.hi.u-tokyo.ac.jp/ships/db.html）

　まずは、東京大学史料編纂所のデータベースを紹介します。東京大学史料編纂所は、歴史資料の編纂を古くから行っている機関です。その中で編纂の目的に即したかたちでのデータベース構築が進められており、『大日本史料』や『大日本古文書』『大日本古記録』をはじめとした、多数のデータベースを公開しています。そして、後述する奈良文化財研究所と連携することで、くずし字に関する辞書の構築を共同で実施したり、東大附属図書館と連携したデータ公開を行うなど、組織間連携も進めています。東京大学史料編纂所のデータベースは、歴史情報の発見系のデータベースとしては、ひとつの基準となっているといえるでしょう。

▶ **人間文化研究機構本部・歴史地名データ**

　（https://www.nihu.jp/ja/publication/source_map）

　次に紹介するのは、歴博も構成機関のひとつである人間文化研究機構が出している「歴史地名データ」です。主に、明治期の地名情報の集成（大日本地名辞書・五万分の一地形図・「延喜式神名帳（えんぎしきじんみょうちょう）」をもとにして作ったデータ群で、30万件弱の件数を持っています。データベースとして提供されているものではなく、CSV形式のデータをダウンロードして自由に使うことができるようになっている点が特徴です。人間文化研究機構の名前を表示すれば、それ以外は自由に利用が可能なCC BYに準拠した形式を取っています。特に明治時代の地名が緯度経度とともに表示されているため、過去の地名の位置を簡単に比定するためには有益なデータセットだといえるでしょう。

　CSVでのダウンロード形式であるため、マッシュアップにも使えます。

▶ **奈良文化財研究所「木簡庫」**（http://mokkanko.nabunken.go.jp/ja/）

奈良文化財研究所は「木簡庫もっかんこ」というデータベースを提供しています。これは、かつて木簡データベースと呼ばれていたものや、木簡字典などを統合したものになっています。木簡の情報を見つけ出すには、まずここを探す必要があります。また、近年はこの「木簡庫」のみならず、考古学の発掘調査報告書のリポジトリのデータベースを広く展開するなど、データ基盤の充実に力を注いでいます。

▶ SAT（大正新脩大蔵経テキストデータベース）(http://21dzk.l.u-tokyo.ac.jp/SAT/)

漢訳仏典の集大成として『大正新脩大蔵経たいしょうしんしゅうだいぞうきょう』（大正期から作成された漢訳経典の「集成」）のデータベースをあげることができます。特に、SAT では全文検索以外にも TEI・IIIF などの多様な人文情報学的展開を先駆的に行っているのが特徴であり、国際的な最新研究がどのようにデータベースの中に落ちるのか、といった実践例を見るという点でも非常に有益です。

▶ HNG（漢字字体規範史データセット）および CHISE (http://hng-data.org/)

それぞれは別物のデータベースですが、本稿執筆現在では統合的に扱われていますので、同時に紹介します。「漢字字体規範き はんし史データベース」（2018 年7月現在、長期メンテナンス中のため停止中）は、その前身である「石塚漢字字体資料」の情報カードの画像、漢字字形の切り抜き画像、およびメタデータをデータベース化したものであり、日本における漢字情報の基盤となるものでした。各時代・各地域（国）には漢字字体の標準が存在し、その標準が変遷することを実証するためのものとしても「石塚漢字字体資料」は重要です。2005 年 9 月の時点で、漢籍・仏典・国書などの典籍 67 資料、総用例数約 40万字が収録されていました。こちらに CHISE（汎用文字符号に制約されない次世代文字処理環境の実現を目指すオープンソース型研究・開発プロジェクト）の技法が応用され、現在公開へと進められています。

そして、このプロジェクトの中で、読めない漢字を発見するために用いられるのが、漢字発見ツール「CHISE IDS Find (http://www.chise.org/ids-find)」です。ここに、読めない漢字を部首ごとに入れることで、効果的に発見し、その漢

字情報にアクセスするとともに、入力を可能にすることができます。日本における人文情報学では文字の研究も非常に盛んです。その研究の多くの事例とエッセンスを、この CHISE プロジェクトを通じて学ぶことができるでしょう。

▶ **CODH のデータセット**（http://codh.rois.ac.jp/dataset/）

情報システム研究機構の中に、人文学オープンデータ共同利用センター（CODH）という組織があります。そこからも、多くの歴史情報・人文情報に関わるデータが出されています。特に国文学研究資料館・新日本古典籍総合データベースに関わるデータを活用したものが多いです。IIIF については、その機能を十分に発揮することができる Curation Viewer を提供したり、古典籍の情報から具体的な社会展開を行った事例などもあります。

これ以外にも、東京文化財研究所や、渋沢栄一記念財団なども多くのデータを公開していますし、本章では大きすぎて触れていませんが、国立国会図書館によるデータ公開の事例などもあります。このような先行研究が、歴史情報学を推進するための重要な基準となっています。また、日本史に関わるデータベースの概観は『日本歴史』848 号（2019 年 1 月）の特集によっても知ることができます。多くの歴史研究者が作り上げたデータベースの状況を学ぶことができるでしょう。

5. おわりに

冒頭で、歴史学を正面から捉えつつ行われる歴史情報学の研究は多くはない、といいました。それ自体は事実ですが、関連する研究や基礎的なデータセットなどは多く揃いつつある状況ですので、むしろこれから研究を進めていく上では、好機であるともいえるのではないでしょうか。以降、目録・画像・テキストの基礎的な研究状況などを学ぶとともに、これらの事例を見て「このように実現されるのか」という観点を学んでもらえればと思います。

chapter 2

歴史データをつなぐこと
－目録データ－

山田太造（東京大学史料編纂所）

1. はじめに

　大辞泉によれば、目録とは「書物の内容の見出しをまとめて記録したもの」、または「所蔵・展示などされている品目を整理して書き並べたもの」と説明されています。前者は書物の目次、後者はカタログに相当すると考えられます。書物の目次は文章の見出しだけではなく、文章へアクセスするための手段としても利用することができます。カタログにはその中に書かれている品目を一覧する役割も担っています。つまり、目録は記されている内容を識別し、それぞれに対してアクセスする手段を提供しています。これは目録に示されているモノが何であっても変わることはないと考えられます。

　さて、ここでは目録の対象として歴史データを考えます。歴史データといっても、古文書・古記録のような文献資料もあれば、刀剣や鎧といった武具を含むモノ資料もあります。また「織田信長」「坂本龍馬」といった人名、「下総 国印旛郡」のような地名、「文久3年3月7日」のような日付なども歴史データとして位置づけられます。文献資料ですと、その内容、つまりは本文も歴史データになりますし、書かれた文字も歴史データになります。昨今では画

像・音声・動画を含むデジタルデータも歴史データとして扱われます。このように多様な歴史データが存在します。これらの歴史データにアクセスできる手段として目録があるとも考えることができます。

2. 目録を整理していく

　扱うモノを登録していくことで目録が作成されていきます。ただし、無秩序に登録していくと扱いづらくなります。例えば、探したいものがあるかどうかを確かめたい場合、登録された内容を1件ずつ確認していくのは非常に効率が悪いです。また、ほかのモノとの違いがわからないと扱いづらくなります。さらに、目録の対象となっているモノにアクセスできる状態になっている必要があります。そのため、管理の実態に合わせて目録を作成していくことが必要です。モノを分類するなど整理しておき、その整理状況に応じて目録を作成していくことになります。同じ性格の書物を近くに配置したり、目的に応じてフォルダを作成してファイルを配置したりと、皆さんの書棚の整理やPC内のファイル整理と同様です。

　これは歴史データでも変わることはありません。対象を整理し、その整理の実態に応じて目録を作成していきます。これ以降、東京大学史料編纂所における歴史データを例に説明していきます。

3. 東京大学史料編纂所所蔵史料

　東京大学史料編纂所（以下、史料編纂所）は、日本の古代から明治維新期に至る前近代の日本史に関係する歴史資料（以下、史料）を研究する大学附置研究所です。史料の調査、収集および分析を行い、『大日本史料』『大日本古文書』『大日本古記録』といった日本史の基幹となる史料集を編纂・公開しています。史料編纂所では、『大日本史料』のような事件が起きた時間の流れに沿って関連史料を集める編年史料と、『大日本古文書』や『大日本古記録』のような史料群の構成と内容を精密に復元する編年史料のふたつの編纂

を行っています。史料集の編纂・公開は1901年に『大日本史料』6編1（1333年、建武の新政開始）、『大日本史料』12編1（1603年、江戸幕府開府）、『大日本古記録』編年文書（702年以降の編年古文書集）の3冊を出版して以降、現在まで120年近く継続しており、1100冊以上の刊行に至りました。

　史料研究および史料集編纂を支えるためには、史料そのものが必要です。日本史史料は日本だけでなく海外にも所在しています。史料編纂所では、日本全国・世界各地に史料調査に出掛け、注目すべき史料について複製を行い、史料集編纂のための素材となる史料を収集してきました。このような作業を史料採訪（さいほう）と呼んでいます。史料編纂所の発足当初より、影写（えいしゃ）（敷き写し）、謄写（とうしゃ）（見取り写し）、模写（もしゃ）という技術を用いて収集を行ってきました。1970年以降からはマイクロカメラによる撮影、2010年以降はデジタルカメラを用いた撮影により収集を行っています。さらに、寄贈・移管・購入などによって受け入れた多数の原本・写本類を所蔵しています。国宝・重要文化財に指定されたものや、まとまって伝来した史料群（特殊蒐書（しゅうしょ））など多くの貴重書もあります。図1は史料編纂所が築き上げた日本史史料コレクションの概要を

●図　書（版本を含む）		206,649冊
内、和漢書		198,453冊
洋書		8,196冊
●史　料（原本・写本類）		200,355点
（国宝1件、重要文化財17件、特殊蒐書63件及び貴重書を含む）		
●本所作成史料		117,875点
内、影写本		7,105冊
影写本（複製本）		4,500冊
謄写本		22,705冊
写真帳（レクチグラフを含む）		45,872冊
台紙付写真		23,222点
模写・拓本		4,583点
稿　本		9,845冊
模　造		36点
古写真		7点
●逐次刊行物		3,118種
内、和雑誌		2,830冊
洋雑誌		288種
●フィルム類（複製本を含む）		66,990点
内、マイクロフィルム		49,924リール
シートフィルム		8,066タイトル
乾　板		9,000枚
●電子出版物（ビデオテープを含む）		840タイトル

図1　東京大学史料編纂所所蔵史料概要（2016年3月31日時点）

示しています。

4. 史料を分類していく

　膨大な日本史史料コレクションを築き上げた結果、史料を1列に並べる、または書架などに単に配置していくだけでは管理しきれなくなりました。そのため体系的な分類が必要になりました。

　図書の世界では、図書の主題や内容に基づいて分類するための図書分類法が存在します。国際十進分類法（Universal Decimal Classification; UDC）、デューイ十進分類法（Dewey Decimal Classification; DDC）などがあり、特に日本では日本十進分類法（Nippon Decimal Classification; NDC）や国立国会図書館分類表（National Diet Library Classification; NDLC）などが利用されることが多いです。

　史料編纂所の日本史史料コレクションは史料編纂所図書室にて管理されています。図書室ですので図書分類法を用いて管理したいのですが、歴史、しかも日本史に偏ってしまうため、これらの図書分類法をそのまま用いることができません。そこで、十進分類法での分類モデルをベースに史料編纂所における史料収集の活動に基づき史料を分類しました。この分類表を図2に示します。まずは原本史料かそうでないかで分けています。原本史料は区分000に分類されます。写本類は写本作成の手法によって影写本（史料区分300）・謄写本（史料区分200）・その他の写本（史料区分400）に分けられます。またマイクロフィルム、写真帳（史料区分610-630）、デジタル化された史料（史料区分B00、D00、D10およびD690）のように写真技術の手法に応じて分類します。史料採訪での撮影によるもの（史料区分M10）、海外関係のもの（史料区分690）、寄贈されたもの（史料区分M20およびM40）のようにマイクロフィルムの性格に応じて分類しています。所蔵史料のうち一括して伝来した史料・図書、あるいは内容に特色のある個人の蒐書などは"特殊蒐書"と呼んでおり、その史料群の体系をそのまま管理しています。例としては、国宝『島津家文書』（史料区分T18）や重要文化財『近藤重蔵関係史料』（史料区分T34）、『江

区分	区分内容	区分	区分内容
000	原史・古写本類(O架)	700-740	外国語史料図書
	(原物史料,古写真,模写,台紙付写真,拓本,模造史料)	750	写真帳(外国語)
100	刊本	760	レクチグラフ(外国語)
200	謄写本	770	コピー版帳(外国語)
300	影写本	800	辞書・事典
400	写本	820	欧文辞書
500	刊本・特殊形状本	850	本所出版物
	(巻子本,冊子本,小型本,大型本,特大本,極大本,箱入本,軸物・畳本,標本)	870	本所稿本類
610-630	写真帳	B00	ボーンデジタル
640	コピー版帳	D00	デジタル資料
650	デジタル媒体	D10	採訪デジタル資料
651	ビデオカセット	D690	在外デジタル資料
652	ビデオカセット(貴重書庫)	M00	マイクロフィルム(日本語)
653	デジタル媒体(貴重書庫)	M10	採訪マイクロフィルム
660	レプリカ	M20	寄贈マイクロフィルム(運用掛扱い)
670	マイクロフィッシュ	M30	シートフィルム
680	レクチグラフ(日本語)	M40	寄贈シートフィルム
690	マイクロフィルム(海外関係史料)	T00-T65	特殊蒐書
			(旧造兵学科所蔵史料,徳大寺家本,外務省引継書類,遠藤正義氏寄贈史料,宗家史料,維新史料引継本,島津家文書,益田家文書,内務省引継地図,...)

図2　東京大学史料編纂所所蔵史料の分類表

戸幕府儒官『林家関係史料』(T39) などがあります。

5. 目録を階層化していく

　原本であっても一点ごとに古文書が管理されているものあれば、手鑑（古文書などを張った折本装の冊子）や巻子（いわゆる巻物）のように複数の古文書が含まれているものもあります。それらの一点ごとの古文書・手鑑・巻子などが箱に入っていたらその箱も管理の対象となります。Aという書架に配置されているBという箱のCという巻子にあるDという古文書、というのはよくある管理パターンです。この点でモノとして一般的な図書とは異なります。史料、というよりも実際には公文書などのいわゆるアーカイブの目録記述手法としてISAD(G)（General International Standard Archival Description）が国際アーカイブズ評議会（International Council on Archives）により策定され、その第2版であるISAD(G)2ndが国際標準として位置づけられています。ISAD(G)2ndでは目録階層を表現するためモデルとしてフォンド配置レベルモデル（Hierarchical model of the levels of arrangement for the fonds）が導入されていま

す。このモデルでは、階層の上位から、フォンド（fonds）、シリーズ（series）、ファイル（file）、アイテム（item）があり、これらで史料目録が構成されます。フォンドは最上位に位置します。アーカイブの総体として位置づけられます。アイテムは管理上での最小単位です。シリーズとファイルは難しい概念です。一言でいうと、シリーズは団体などでのある活動により生じた史料全体、ファイルは扱う上での基本単位となります。フォンドとシリーズは目的などに応じてその下位階層としてサブフォンド（sub-fonds）、サブシリーズ（sub-series）を設けることができます。フォンドとファイルは必須ですが、シリーズとアイテムはなくても構いません。よってフォンドの直下にファイルを置くことが可能ですが、フォンドの直下にアイテムを置くことや、フォンドとシリーズのみで構成することはできません。

　史料編纂所蔵『島津家文書』を例にISAD(G)2ndに従った史料目録を見てみましょう。図3は島津家文書の黒漆塗特二番箱に関する目録です。黒漆塗特二番箱に歴代亀鑑（53通）と呼ばれる手鑑など11の史料があり、歴代亀鑑（53通）は元暦2年から康永3年の古文書53通（16番目の書状にはふたつの古文書が収載されていることから、古文書の点数としては図3に示す通り54点となることに注意）が収載され、そのひとつ目の古文書の名称が源頼朝下文です。この階層構造から、

- シリーズ：島津家文書
- サブシリーズ：黒漆塗特二番箱
- ファイル：歴代亀鑑（53通）
- アイテム：源頼朝下文

として目録を作成することができます。フォンドは史料編纂所所蔵史料になります。アイテムは最小の単位としての古文書1通を指し、それをファイリングしてある歴代亀鑑（53通）がファイルとなります。シリーズは島津家文書としてあります。これは先に述べた史料編纂所所蔵史料目録の分類表に基づいた区分に相当します。さらに階層ごとに識別できる番号を与えま

種別	番号		内容	形態	数量
黒漆塗　特二番箱	1	1	歴代亀鑑　元暦2〜康永3	帖	54
	1	2	歴代亀鑑　貞和4〜天正15	帖	54
	1	3	国統新亀鑑　慶長4〜寛永14	帖	33
	1	4	御譲状置文	巻	22
	1	5	御外祖御譲状	巻	8
	1	6	薩州日州図田帳　建久8	巻	1
	1	7	台明寺文書　建仁2〜慶長6	巻	11
	1	8	御文書古目録	巻	5
	1	9	台明寺文書　応保2〜文和3	巻	16
	1	10	頼朝公御教書　文治5	巻	1
	1	11	頼朝卿教書之句解　薩摩守源綱貴（島津）	冊	1

図3　島津家文書 黒漆特二番箱（T18-1）収載史料

す。例えば、島津家文書はシリーズレベルでT18、黒漆塗特二番箱にはサブシリーズレベルで1、歴代亀鑑（53通）にはファイルレベルで1、源頼朝下文にはアイテムレベルで1を付与しています。よってここでの源頼朝下文には"T18-1-1-1"という識別子が与えられ、これにより史料編纂所所蔵史料全体の中からこの古文書にアクセスすることができます。また、歴代亀鑑（53通）の識別子は"T18-1-1"となります。このように管理している史料に対してアクセス手段（finding aid）を与えることがISAD(G)を用いる重要な理由と考えられます。このように史料編纂所では所蔵史料目録を階層化し、識別子を与えていくことで、所蔵史料目録データベース（Hi-CAT）を構築しています。

ISAD(G)2ndはアーカイブの階層化およびそれぞれの階層での記述項目をモデル化しています。データベースで検索し閲覧するために、実際に計算機で扱うためのデータとして記述していく必要があります。記述の国際標準としてはEAD（Encoded Archival Description）があります。2018年10月時点ではEAD3 Version 1.1.0がリリースされています。EAD3ではXML（Extensible Markup Language）による記述が可能です。EADを採用した国内の機関としては国立公文書館があります。

6. 目録を記述する

ここでは史料目録の記述について考えていきます。先にあげたように

名称と識別子があります。ほかにはどのような項目があるでしょうか。
ISAD(G)2nd では記述要素は下記のように 7 つの領域に分けられています。

- 識別領域（identity statement area）：識別子（参照コード）、名称、日付など
- 状況領域（context area）：作者、履歴、管理情報など
- 内容・構造領域（content and structure area）：範囲、内容、配置情報など
- アクセス・利用条件領域（conditions of access and use area）：アクセス条件、状態、言語、物理的特徴など
- 関連史料領域（allied materials area）：原本や写本の存在や所在、関連史料群など
- 注釈領域（notes area）：史料に対する注釈・備考・注記
- 記述管理領域（description control area）：アーキビストによる注釈・備考、記述自体の日付など

　史料をアーカイブしていくためにはこれらの要素すべてを記述していくことは重要ですが、実際には難しい場合もあります。識別子、名称、配置情報などはアクセスしていくために必ず必要となりますし、管理していく上でも必須ですので、確実に記述することになります。物理的状態（数量、大きさ、重さなど）も記述しやすい項目です。しかしながら作者や日付はわからないことが多々あります。また内容に関わる記述は内容把握しなければ書きにくいです。また、典型的な古文書における宛所（いわゆる、宛先）のように、これらの以外の要素についても記述したいことがあります。一応、これらを備考として記述することもできますが、あくまでも備考であることから宛所として利用することは難しいかもしれません。また、年号がない、差出（古文書の作者）の名前が花押のみ、というように史料を深く読解しなければ記述できないことも多々あります。史料について把握し得る要素は史料によって、さらに所蔵しているところによって変わり得るため、確定的に設定することは大変難しいです。そのため実際には、対象である史料について、ISAD(G) の各項目をテンプレートとして利用し、拡張もしくはカスタマイズ

し、把握できるデータをできる限り記述していくことになります。

　先にあげた『源頼朝下文』（T18-1-1-1）を例に目録データを見てみます。これは島津家文書－黒漆塗特二番箱－歴代亀鑑（53通）という階層構造であり、この階層構造はISAD(G)2ndに従って記述していくことができました。図4に示すように、各階層での記述もISAD(G)2ndの記述項目をカスタマイズして記述しています。これは東京大学史料編纂所データベース検索サービス（以下、SHIPS DB）における所蔵史料目録データベースに実際に格納されているデータです。

《書目データ》	
【書目ID】	00104312
【史料種別】	貴重書（特殊蒐書）
【請求記号】	S島津家文書-1-1
【書名】	歴代亀鑑(五三通)
【著者名】	
【出版事項】	
【形態】	手鑑, 1帖
【大きさ】	44.5×64.7×6.0cm
【注記】	【国宝: 平成14年度指定】表紙: 紺地梅牡丹菊花折枝文銀襴, 角金具(桐唐草文真鍮)付. 備考: 平成9年度重文指定. 東京大学史料編纂所影印叢書1『島津家文書: 歴代亀鑑・宝鑑』(8500-112-1)所収.
《細目データ》	
【史料名】	源頼朝下文
【注記】	体裁: 竪紙. 員数: 1通. 法量: 30.5×48.2cm. 紙数: 1紙. 宛所: 伊勢国波出御厨. 島津番号: 1-1-1. マイクロフィルム: Hdup.M-23「島津家文書マイクロ版集成［No.島津］」リール番号1-開始コマ6
【和暦年月日】	元暦二年六月十五日

図4　源頼朝下文の史料目録データ

7. 記述要素を拡張していく

　Web上で流通・共有していくことを目的とした語彙セットとしてDCMI Metadata Terms、いわゆるダブリンコア（Dublin Core）が有名です。DCMI MetadataTermsはDublin Core Metadata Initiativeにより提唱され、策定が進められてきました。最初にメタデータセット（Dublin Core Metadata Element Set）が策定されました。こちらはSimple Dublin Coreとも呼ばれ、15の要素（Title、Creator、Subject、Description、Publisher、Contributor、Date、Type、Format、Identifier、Source、Language、Relation、Coverage、Rights）から成り立ちます。その後、これ

らを含む55要素へ拡張したのがDCMI Metadata Termsです。ここでは単にDCと呼ぶことにします。

DCはISAD(G)2ndとは異なり、Web上でのデータ流通・共有を目的として設計されていますので、史料目録を記述するためだけに利用されるものではなく、さらに階層的に記述していくことを想定していません。また、その性格から、RDF（Resource Description Framework）と呼ばれるWeb上のデータ資源のメタデータを記述する仕組みによるデータモデルを用いた語彙セットでもあります。ISAD(G)2ndにおける各階層の要素記述においてDCも用いると記述自体やWeb上での流通が柔軟になっていくと考えられます。

また、人に関する語彙としてはFOAF（Friend of a Friend）、空間に関してはGeoNamesなどが有名です。RDFデータモデルによるデータ記述およびWeb上での流通方法についてはほかの章を参照してください。

8. 周囲の歴史データを関連付けていく

SHIPS DBは所蔵史料目録データベースを含め、史料目録、テキスト、図像、人名、地名、文字などを主題とした30のデータベースで構成されています。図5は下記のようにSHIPS DBから集めた『源頼朝下文』（T18-1-1-1）に関する歴史データを示します。

- 所在・管理：これまでに説明しました所蔵史料目録データベースに格納されているデータ。
- 一点目録：一点の古文書として記述した史料目録。この史料目録は大日本古文書ユニオンカタログにあるデータです。
- 本文：この古文書は史料編纂所刊行の『大日本古文書』に収載されており、そこにある本文です。これは古文書フルテキストデータベースに格納されています。
- 解題：この古文書の解題（解説文）。所蔵史料目録データベースに格納されています。

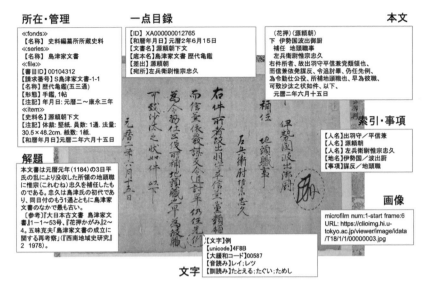

図5　多様な歴史データ

- 索引・事項：大日本古文書ユニオンカタログや大日本史料総合データベース（索引）に格納されている人名、地名、事項名です。
- 画像：この古文書の画像です。これは所蔵史料目録データベースから関連付けて管理しています。
- 文字：電子くずし字字典データベースに格納されているデータ。

　これらの関連データは史料そのもの、その史料を研究していく過程、その史料の研究結果として生じてきたデータです。そのデータを管理・利用していく上で、SHIPS DBでは史料目録データを利用しています。史料目録データと関連付けて管理していることにより、史料そのものへの参照が可能になり、それぞれのデータの根拠を示すことができます。それぞれのデータがどのような性格で、どのように管理・利用されていくか、についてはほかの章を参照してください。

9. おわりに

歴史学では史料の評価・検証、いわゆる史料批判、を根底としながら、そこから歴史的事実を追求していくための歴史像を見出だしていきます。そのため、史料を調査・収集し、関連する歴史データを検証していくことが重要です。その中でも史料目録データは歴史データの中心であり、基礎データの中の基礎データとして位置づけていくことができます。しかしながら、史料目録データも所在や配置場所の変更、さらには史料自体の研究が進んでいくことで、史料の年代や関連する人名などが変更したり、ほかの史料とくっつけて管理したり、ひとつの史料を分けて管理したりと、史料の管理方法が変わっていくこともあります。史料の現状を記述していくことも、もちろん重要です。本文、人名・地名といった事項、文字、画像などの多様な歴史データが関連付けられていることを考えますと、史料目録データが今後も永続的に利用されていく環境が必要です。これを考慮した史料目録データを作成していくことはかなり難しいです。さまざまな歴史データがあれど、史料目録データの記述が最も難しいかもしれません。また、さまざまな機関での史料目録データを統合的に検索していくプロジェクト、例えば人間文化研究機構 nihuINT や国立国会図書館による NDL Search、では Linked Open Data に代表されるセマンティック Web 技術を用いた横断検索を実現しています。しかしながら、史料そのものの管理体系は、残念ながら情報技術だけでは解決し得ない現状にあります。そのため史料や歴史の研究を進めていく中で、その成果を永続的に提供できる環境の整備は今後も不可欠だと考えられます。

──── 参考文献（Web ページはいずれも 2018-10-01 参照）
» 『デジタル大辞泉』小学館、http://daijisen.jp/digital/index.html.
» 東京大学史料編纂所ウェブサイト、https://www.hi.u-tokyo.ac.jp/.
» 近藤成一「21 万通の古文書を集める」、『歴史知識学ことはじめ』勉誠出版、2009 年。
» 「史料編纂所の歴史とその課題」、東京大学史料編纂所編『歴史学と史料研究』山川出版社、2003 年。
» 国際十進分類法, https://ja.wikipedia.org/wiki/ 国際十進分類法.
» デューイ十進分類法, https://ja.wikipedia.org/wiki/ デューイ十進分類法.

- » 日本十進分類法, https://ja.wikipedia.org/wiki/日本十進分類法.
- » 国立国会図書館分類表, https://ja.wikipedia.org/wiki/国立国会図書館分類表.
- » ISAD(G): General International Standard Archival Description - Second edition, https://www.ica.org/en/isadg-general-international-standard-archival-description-second-edition.
- » 国文学研究資料館（アーカイブズ研究系）編『アーカイブズ情報の共有化に向けて』岩田書院、2010 年。
- » 山本博文, 東京大学史料編纂所所蔵島津家文書の情報化, http://www.tulips.tsukuba.ac.jp/limedio/dlam/B95/B952215/1/vol02/pdf/3401.pdf.
- » 加藤友康, WWW サーバによる日本史データベースのマルチメディア化と公開に関する研究, 1999, http://www.hi.u-tokyo.ac.jp/personal/kato/index.htm.
- » EAD3, https://github.com/SAA-SDT/EAD3/tree/v1.1.0.
- » 国立公文書館デジタルアーカイブについて, 国立公文書館, http://www.archives.go.jp/owning/d_archive/index.html.
- » Dublin Core Metadata Initiative, http://dublincore.org/.
- » Dublin Core, https://en.wikipedia.org/wiki/Dublin_Core.
- » FOAF, http://www.foaf-project.org/.
- » GeoNames, http://www.geonames.org/.
- » 東京大学史料編纂所データベース検索サービス, http://wwwap.hi.u-tokyo.ac.jp/ships/shipscontroller.
- » Tim Berners-Lee, Linked Data - Design Issues, https://www.w3.org/DesignIssues/LinkedData.html.
- » Linked Data – Connect Distributed Data across the Web, http://linkeddata.org/.
- » nihuINT, https://int.nihu.jp/.
- » 国立国会図書館サーチ（NDL Search）, http://iss.ndl.go.jp/.

chapter 3

歴史データをつなぐこと
－画像データ－

中村 覚（東京大学情報基盤センター）

1. はじめに

本章は画像データを扱います。まず、2において、画像データの基礎について説明します。次に、3において、画像データを共有するための国際的な枠組みであるIIIF（International Image Interoperability Framework）について説明します。

2. 画像データの基礎

ここでは画像データに関する用語や画像フォーマットについて説明します。なお、本項は、「国立国会図書館資料デジタル化の手引2017年度版」[01]を参考に執筆しています。

2.1. 解像度

資料をスキャンすることによって作成した画像データは、ディスプレイ上では、ピクセル（画素）と呼ばれる画像データを構成する最小単位の点で表現されます。画像データは、このピクセルが縦横に規則正しく並んでいます。この点の細かさを示す尺度を解像度と呼びます。通常、解像度と画質は比例します。

図1　解像度の違い

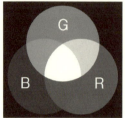

図2　RGB（左）とCMYK（右）

この解像度は、1インチ（25.4mm）内のピクセル数を示すPPI（pixel per inch）という単位で表現されます。また、画像データのサイズは画像の縦横のピクセル数で表されます。入出力機器（プリンターなど）では、1インチあたりに集まる物理的なドットの密度を表す単位であるdpi（dots per inch）と表記れることもあります。

　例えば図1に示した各画像の辺の長さが1インチの場合、左から1マスの幅=1dpi、2マスの幅=2dpi、右端が100マスの幅=100dpiとなります。

2.2. カラースペース

　カラースペースは色空間やカラーモデルとも呼ばれ、色を作り出す方法またはその範囲を意味します。代表的なカラースペースとして、RGB、CMYKなどがあります（図2）。

　RGBは光の3原色である赤（Red）、緑（Green）、青（Blue）で色を表現します。各色が混ざる程明るい色になり、最終的には白になることから加法混色といわれます。コンピュータのスクリーンの多くは、この仕組みを用いています。

　CMYKはインクの3原色である藍（Cyan）、紅（Magenta）、黄（Yellow）と黒（Key Plate）で色を表現します。これらの色を混ぜるほど色が暗くなり、最終的には黒に近くなることから、減法混色といわれます。印刷やコンピュータのプリントの多くは、この仕組みを用いています。

2.3. 色深度（ビット深度）

　ビットとはコンピュータの中で扱う情報の最小単位です。1ビットで2進

数の1桁が0か1かを表すことができます。色深度は1ピクセルあたりの色の情報量を示します。一般的に1ピクセルあたりのビット数で表現され、単位としてbpp（bits per pixel）などが用いられます。

　白黒の画像には、1ビットカラーと呼ばれる白および黒の2色のみで画像を表現するものや、グレースケールという中間色を含んで画像を表現するものがあります。8ビットグレースケールとは、白から黒までの色を$2^8=256$通りで表現するものです。

　カラーの画像は、色相、彩度、明度の色の3要素を使用して表現します。色相は色合いの違い、彩度は色の鮮やかさ、明度は色の明るさを意味します。インデックスカラーと呼ばれる256色（8ビット）のものや、フルカラーと呼ばれる1667万色以上（24ビットフルカラー）のものなどがあります。

2.4. 画像フォーマット

　画像データのフォーマットには、RAW、TIFF、JPEG、JPEG 2000、GIF、PNGなどがあります。以下、これらの画像フォーマットについて説明します。

　RAWはデジタルカメラなどで撮影した際の生データで、現像することでほかのフォーマットの画像を作成することができます。

　TIFF（Tagged Image File Format）は、マイクロソフト社とアルダス社（アドビシステムズ社に合併）によって開発されたフォーマットです。非圧縮画像のためデータのサイズが大きくなりますが、品質劣化がないため、圧縮画像を作成する際の元データとして利用されます。画像データベースや保存用に使用する画像フォーマットのデファクトスタンダードとして認知されています。

　JPEG（Joint Photographic Experts Group）は、圧縮率に優れた画像フォーマットです。そのため、Webサイトの写真画像などの公開用画像として標準的に利用されます。高い圧縮率が特徴ですが、非可逆圧縮（圧縮前のデータと、圧縮・展開を経たデータとが完全には一致しないデータ圧縮方式）であるため、圧縮を行うと元の画像情報を完全に復元することができません。

　JPEG 2000は、JPEGの後継規格です。ファイルサイズの指定、電子透か

し、メタデータの付与機能など、多くの機能に対応しています。非可逆圧縮のJPEGとは異なり、可逆圧縮も可能です。一方、比較的新しい規格であるため、Internet ExplorerやFireFoxなどのブラウザはまだ標準では対応していない、画像を閲覧する際には別途プラグインを導入する必要がある、などの課題もあります。保存用画像、公開用画像の両者の目的で使用されます。

　GIF（Graphics Interchage Format）は、Webサイトのアイコンなどによく用いられます。色表現は8ビット（256色パレット）に対応しています。写真などの高精彩画像の保存には向いていませんが、動画や簡単な透明色を用いた画像を作ることができる点が特徴としてあげられます。圧縮方式は可逆圧縮です。

　PNG（Portable Network Graphics）は、GIFに替わる画像フォーマットとしてW3Cから勧告されました。色表現は8ビットのGIFとは異なり、人の識別能力を上回る48ビットまで対応しています。圧縮方式はJPEGのように画像の劣化がともなう非可逆圧縮ではなく、可逆圧縮です。そのため、透明色を用いた画像や可逆圧縮を重視したい画像に適しています。一方、ファイルサイズが大きくなりがちな点に注意が必要です。

3. IIIF（International Image Interoperability Framework）
3.1. はじめに

　1990年代よりインターネットの普及が進み、博物館や図書館、文書館、大学などの世界中の機関において、所蔵資料のデジタルデータの公開が進められています。しかし、これまでは画像データの公開方法は統一されておらず、基本的に利用者は各機関が提供する専用のビューアなどを用いて画像を閲覧する必要がありました。この結果、例えば異なる機関で公開されている画像との比較などは容易ではなく、また利用者は個々のシステムの公開形式に合わせて、操作方法の習熟やプログラム開発を行う必要がありました。これは利用者だけでなく、画像データを公開する機関、提供者側にもデメリットを生んでいました。例えば「より高解像度の画像をより高速に提供可能な

画像サーバがほしい」「閲覧者が画像に注釈を付与できるようにしたい」といったニーズは、機関を問わず共通に抱える課題です。しかし、これまでは個々の機関がそれぞれ異なるシステムを使用していたため、これらの課題を解決するためのソフトウエアやツールを、おのおのの機関で開発、改善する必要がありました。

　このような画像データのアクセスにおける共通の課題の解決を目的として、2011年に大英図書館やスタンフォード大学、オックスフォード大学ボドリアン図書館、フランス国立図書館などの機関が中心となり、画像データの相互運用のための一連の技術仕様、APIを策定しました。この技術仕様の総称がIIIFです。データ提供機関が共通のAPIに従って画像データを公開することにより、これを利用するソフトウエアやツールも共通の仕組みで開発することが可能となります。

　なお、IIIFという用語は、画像の相互運用性に関する課題を開発するための、ソフトウエア、ツール、コンテンツ、人、および機関のコミュニティを指す用語としても使われますが、本章では一連の技術仕様を指す用語として使用します。

　IIIFの採用は世界的に広がりつつあり、2018年10月現在において、国内外600以上の機関がIIIFを採用しているといわれています。また、日本国内においても、東京大学や京都大学、国立国会図書館、国文学研究資料館、国立歴史民俗博物館などでIIIFが採用されています。

　以下では、このIIIFの仕組みや活用例について説明します。

3.2. IIIFの仕様

　IIIFの仕様の一覧は（https://iiif.io/api/#current-specifications）で公開されています。2018年10月現在では、Authentication API（1.0.0）、Image API（2.1.1）、Presentation API（2.1.1）、Search API（1.0.0）の4種類です。これらのうち、先行して開発され、すでに広く普及しているImage APIとPresentation APIについて説明します。

3.2.1. Image API

　Image API は、画像を要求し配信するための標準化された方法を提供します。次の構文を持つ URI のテンプレートを使用して画像を要求することで、さまざまな状態の画像を習得することができます。

　　{scheme}://{server}{/prefix}/{identifier}/{region}/{size}/{rotation}/{quality}.{format}

　本 API を用いた画像の操作例を図 3 に示します。上記テンプレートの {region} や {size}、{rotation}、{quality} の値を変更することで、それぞれ縮小・拡大、部分切り出し、回転、グレースケール化などを行うことができます。図 3 左上は縮小・拡大処理の例で、{size} の値に「150,」を与えることで、幅 150px の画像を取得しています。また、図 3 右下の例では、{quality} の値に「gray」を与えることで、グレースケール化を行っています。

　なお、Image API は IIIF の仕様においては、後述する Presentation API から画像を利用するために機能していますが、この Image API 単体でも利用することができます。

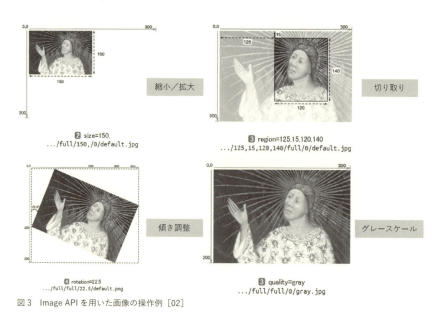

図 3　Image API を用いた画像の操作例［02］

3.2.2. Presentation API

Presentation API は、「資料オブジェクト」（例えば、図4左のように、複数の画像から構成される一資料）の構造とレイアウト情報を記述するための JSON フォーマットを定義します。JSON（JavaScript Object Notation）はテキストベースのデータフォーマット形式です。

画像情報の表示方法が標準化されることで、例えば図4に示すように、同じ資料オブジェクトを異なるビューアで表示することや、別の資料オブジェクトと並べて比較することが可能になります。ビューアについては次節で紹介しますが、図4左が Universal Viewer で表示した例、右が Mirador を用いて複数の画像を並べて表示している例を示しています。

Presentation API に従った JSON の記述方法の詳細については割愛しますが、基本的な資料オブジェクトの関係と JSON の記述例を図5に示します。Presentation API では、資料オブジェクト全体を表す要素をマニフェスト（Manifest）と呼びます。多くの場合はひとつの JSON ファイルはひとつの資料オブジェクトを表現します。また一般に、この JSON ファイルもマニフェストと呼ばれます。このマニフェストは、共有キャンバス（Shared Canvas）という概念に基づいており、ひとつのキャンバスに画像など（図5中の「Content」）が付与され、そのキャンバスの集合がひとつの資料オブジェクトの構成要素となります。

図4　Presentation API を用いた画像の表示例（左：Universal Viewer、右：Mirador）

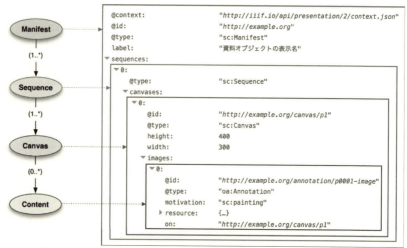

図5 基本的な資料オブジェクトとマニフェスト JSON の例 [03]

3.3. IIIF ソフトウエア

　開発されている IIIF ソフトウエアのほとんどはオープンソースで、Awesome-IIIF（https://github.com/IIIF/awesome-iiif）のリストから見つけることができます。このように IIIF に対応したオープンソースソフトウエアが数多く開発されています。これが IIIF の使い勝手を向上させ、さらに利用者が増えるという好循環を生んでいます。

　典型的な IIIF の要求と応答のサイクルは、図6のようになります。この要求応答サイクルは、IIIF クライアントが n 個の画像からなる資料オブジェクトを表示したい、という基本パターンを示しています。IIIF クライアント / ビューアは、IIIF マニフェストサーバにマニフェストを要求します。次に、クライアントはマニフェストを解析し、表示したい各画像について、IIIF 画像サーバから info.json を要求します。info.json には、寸法、使用可能な画像サーバのオプション、利用可能なタイルレベルなど、画像に関する情報が含まれています。クライアントはこの情報を使用し、さらに実際に表示する画像をサーバから取得します。

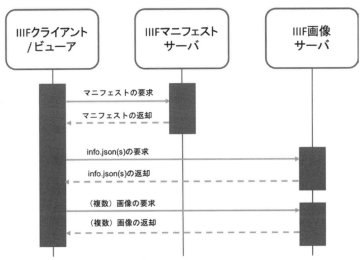

図6　IIIFの要求と応答のサイクルの例

3.3.1. IIIF マニフェストサーバ

　IIIF マニフェストは静的または動的コンテンツとして提供されます。

　静的コンテンツとしての提供では、サーバ上にマニフェスト JSON ファイルを格納する方法です。クライアントは当該ファイルにアクセスし、画像の表示方法などに関する情報を取得します。

　動的コンテンツとしての提供では、クライアントからの要求ごとに、マニフェストを生成して返却します。この場合、動的にマニフェストを生成する仕組みを持つソフトウエアなどが必要になります。

　例えば、ジョージ・メイソン大学の Roy Rosenzweig Center for History and New Media を中心に開発されているオープンソースのコンテンツ管理システム（CMS）である Omeka [04] は、テーマやプラグインを使ってさまざまな機能拡張を行うことができます。このプラグインのひとつである「IIIF Server」[05] は、システムに登録された画像とメタデータからマニフェストを動的に生成する機能を提供しています。

3.3.2. IIIF 画像サーバ

画像サーバには、info.json の要求への応答と、画像の要求への応答というふたつの主要機能があります。主要な IIIF 画像サーバは、Awesome-IIIF の Image Servers（https://github.com/IIIF/awesome-iiif#image-servers）で確認することができます。

また、IIIF Hosting [06] のような画像のホスティングサービスも存在します。本サービスに画像をアップロードすることで、登録した画像を Image API に準拠して公開することができます。さらに、マニフェストも合わせて生成されるため、後述する IIIF ビューアに読み込ませることもできます。2018 年 10 月時点では、ディスク容量 100MB、画像 5 枚まで、本サービスを無料で利用することができます。

3.3.3. IIIF クライアント / ビューア

IIIF ビューアはマニフェストを読み取って適宜画像を Web ブラウザ上に配置し、必要に応じてサイズや切り出し位置の調整などを行います。

以下では、主要な IIIF ビューア 3 点を取り上げます。そのほかのビューアについては、公式サイト（https://iiif.io/apps-demos/#image-viewing-clients）などで確認することができます。

▶ **Mirador**（http://projectmirador.org/）

スタンフォード大学、ハーバード大学の研究者らによりオープンソースで作成されたビューアです。画面分割による画像比較、アノテーション（注釈）の付与など、豊富な機能を提供しています。例えば図 7 左は、フランスの国立図書館とフランス国立科学研究センターがそれぞれ公開する西洋写本の断片を重ね合わせて表示している例です。また、図 7 右は画像にアノテーションを付与している例を示します。

▶ **Universal Viewer**（https://universalviewer.io/）

米国・ウェルカムライブラリーや英国図書館によって開発されたビューアです。画像データだけでなく、3D や音声、動画、PDF などを閲覧すること

図7 画像の重ね合わせとアノテーション付与の例 [07]

もできます（図4左）。

▶ **IIIF Curation Viewer**（http://codh.rois.ac.jp/software/iiif-curation-viewer/）

人文学オープンデータ共同利用センター（以下、CODH）が開発しているビューアです。ページ移動やズームといった一般的なビューアが持つ機能に加え、複数の資料の中から任意のページを取り出し、任意の順序で閲覧する機能を提供しています。例えば、図8左に示すように、表示中のコマの部分矩形領域を選択し、利用者独自のコレクションである「キュレーションリスト」（図8右）として登録することができます。

3.4. IIFの活用例

ここではIIIFの活用例として、ポータルサイトにおける活用例、キュレーションにおける活用例の2点について紹介します。

3.4.1. ポータルサイトにおける活用例

国外、特に欧米を中心として、さまざまな分野・領域の機関が連携し、各機関が保有する多様なデジタルコンテンツのメタデータを集約し、インターネット上で検索・閲覧できる、国・地域ごとの統合ポータルの構築が進んでいます。Europeana [09] は、欧州35ヶ国、3,000以上の図書館・美術館・博物

図8 IIIF Curation Viewer を用いたキュレーションの例［08］

館・文書館などの文化施設が保有する 3,600 万件以上の文化資源へのアクセスを可能とするポータルサイトです。そのほか、2013 年に開設した米国デジタル公共図書館（DPLA: Digital Public Library of America）[10] は、1,300 以上の文化施設が参加し、700 万件以上のデジタル文化資源の閲覧を可能としています。特に前者の Europeana では、参加機関が IIIF に対応している場合、ポータルサイトの画面上で各機関が公開する画像を操作可能な仕組みを提供しています。日本でも国内の分野横断統合ポータル「ジャパンサーチ」[11] の開発が進められています。ジャパンサーチにおいても、このような機能の提供が予定されており、デジタルアーカイブや画像データの連携を実現する上で、IIIF は非常に有効なソリューションとして位置づけられます。

関連する事例として、京都大学図書館機構と慶應義塾大学メディアセンターは、両大学が所蔵する医学分野の貴重資料コレクション「富士川文庫」のデジタル化画像を統合表示する Web サイト、「富士川文庫デジタル連携プロジェクト試行版」を 2018 年 9 月に公開しました[12]。本プロジェクトは、両大学が分散して所蔵する「富士川文庫」に対して、IIIF を活用した分散コレクションの仮想統合の一例を提示しています（図9）。

3.4.2. キュレーションにおける活用例

　IIIF は、外部からコンテンツの詳細にまで容易にアクセスを可能とする規

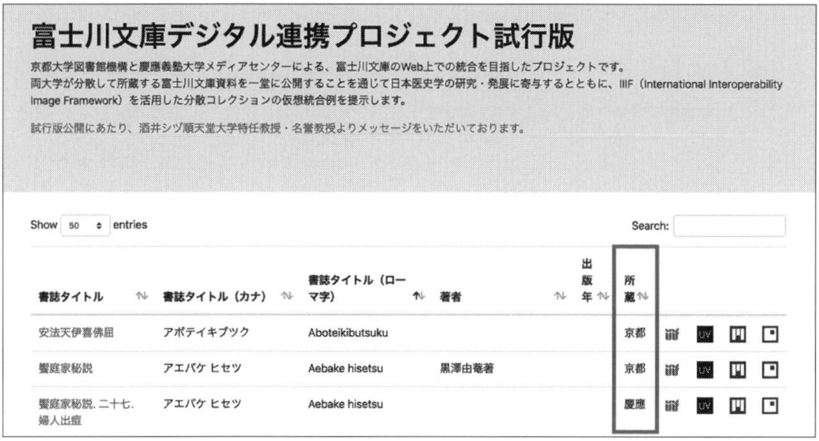

図9 所蔵機関を横断したコレクションの仮想統合の例 [13]

　格であるため、さまざまな観点からこれを活用したソリューションが世界中で開発されています。

　先述したIIIF Curation Viewerはその代表例のひとつです。さらに、CODHはIIIF Curation Viewerで作成したキュレーションを検索可能にし、さらに検索結果を再編集した新たなキュレーションを公開可能とするIIIF準拠の画像検索ツール「IIIF Curation Finder」を含む、利用者主導型のオープンな次世代IIIFプラットフォーム「IIIF Curation Platform」を2018年5月に公開しています[14]。この活用例として、美術作品に出現する顔の部分を切り取って集め、それを美術史研究（特に様式研究）に活用するプロジェクト「顔貌コレクション」が公開されています。2018年10月時点においては、国文学研究資料館、京都大学、慶應義塾大学で公開されている画像から顔貌を収集し、画像の提供機関を横断した利活用を実現しています。

　そのほかの代表的なソリューションとして、トロント大学図書館が中心に開発しているOmekaのプラグイン「IIIF Toolkit」[15]があげられます。本プラグインを使用することにより、プラグインに内蔵されたMiradorを使ってIIIF対応コンテンツにアノテーションを付与できるほか、付与したアノテー

ションを Omeka のデータベースに保存することができます。さらに、そのほかのプラグインと組み合わせて利用することにより、例えば IIIF 対応コンテンツを地図や年表と組み合わせて表示・公開することができます。

図 10 は 2017 年第 2 回 NDL デジタルライブラリーカフェ「地域資料を最新規格でお手軽に使いやすくしてみよう」[16] の成果物の例を示しています。参加者が選定した IIIF 準拠の画像にアノテーションを付与し、それを地図と年表にマッピングして表示している例です。選定対象となる画像は IIIF に準拠していれば、提供機関を問わないため、世界中の機関が公開する画像を使って、参加者ごとのコレクションを作成・公開することを可能としています。

また、永崎ら[18] は IIIF マニフェストの効果的な共有を目的とする Web コラボレーションプラットフォーム「IIIF Manifest for Buddhist Studies」を開発しています。利用者が IIIF マニフェストの URL をシステム上に登録する

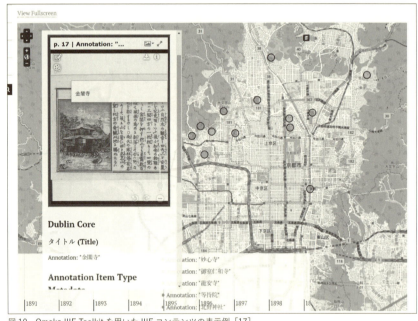

図 10　Omeka IIIF Toolkit を用いた IIIF コンテンツの表示例 [17]

ことにより、IIIF マニフェスト内の情報がデータベースに格納され、それらの情報に基づく検索を可能としています。本システムを利用することにより、世界中の IIIF 画像を各コミュニティの目的に応じて収集・編集し、利活用することが可能となります。

4. まとめ

本章では、画像データに関するトピックとして、用語や画像フォーマットなどの基礎情報、および画像データ共有のための国際規格 IIIF について説明しました。IIIF は西洋中世写本の画像データを対象に開発がスタートしましたが、今日では動画や音声、3D 画像など、対象範囲が拡大しつつあります。画像データの利活用の可能性を高めるという意味において、IIIF は今後より重要な役割を果たすことが予想されます。

ぜひ実際に IIIF 対応コンテンツや、IIIF 準拠のソフトウエアやツールなどを利用することで、IIIF 準拠の画像データの相互運用性の高さを感じていただきたいと思います。

───注（Web ページはいずれも 2018-10-20 参照）
[01] 国立国会図書館, 国立国会図書館資料デジタル化の手引 2017 年版, http://www.ndl.go.jp/jp/preservation/digitization/guide.html.
[02] Europeana, https://www.europeana.eu/portal/en.
[03] Digital Public Library of America, https://dp.la/.
[04] デジタルアーカイブジャパン推進委員会及び実務者検討委員会, https://www.kantei.go.jp/jp/singi/titeki2/digitalarchive_suisiniinkai/index.html.
[05] IIIF Image API 2.1.1, https://iiif.io/api/image/2.1/.
[06] IIIF Presentation API 2.1.1, https://iiif.io/api/presentation/2.1/.
[07] Omeka, https://omeka.org/.
[08] Omeka S, IIIF Server, https://omeka.org/s/modules/IiifServer/.
[09] IIIF Hosting, https://www.iiifhosting.com/.
[10] Mirador, Advanced Features Demo, http://projectmirador.org/demo/advanced_features.html.
[11] 人文学オープンデータ共同利用センター,『顔貌データ：イギリスの肖像』（CODH 編集）, http://codh.rois.ac.jp/curation/exhibition/2/.
[12] 京都大学貴重資料デジタルアーカイブ, 日本医学史研究者の旧蔵書, 没後 70 年以上の時を経て『デジタル富士川』として一堂に, https://rmda.kulib.kyoto-u.ac.jp/news/2018-09-28.

［13］富士川文庫デジタル連携プロジェクト試行版, http://www.kulib.kyoto-u.ac.jp/rdl/digital_fujikawa/index.html.
［14］人文学オープンデータ共同利用センター, IIIF Curation Platform の特長, http://codh.rois.ac.jp/iiif-curation-platform/.
［15］Omeka Classic, IIIF Toolkit, https://omeka.org/classic/plugins/IiifItems/.
［16］NDL Lab, "2017 年「NDL デジタルライブラリーカフェ」開催のご案内", https://lab.ndl.go.jp/cms/digicafe2017.
［17］永崎研宣, NDL デジタルライブラリーカフェ「地域資料を最新規格でお手軽に使いやすくしてみよう」作業手順解説用資料, https://jinmoncom2017.omeka.net/items/show/1.
［18］永崎研宣・下田正弘・Muller A. Charles・蓑輪顕量「横断型デジタル学術基盤を目指して－SAT2018 の構築を通じて－」、『研究報告人文科学とコンピュータ（CH）』Vol. 2018-CH-117、No. 1、2018 年、1-8 頁。

column.1 画像データの分析から歴史を探る
―「武鑑全集」における「差読」の可能性―

北本朝展（ROIS-DS 人文学オープンデータ共同利用センター／国立情報学研究所）

1. 文字と非文字

　画像データとは、画素（ピクセル）が平面的または空間的に並んだデータです。しかしそれぞれの画素はその明るさを表す数値データを格納しているだけであり、その数値データの「意味」を取り出すことは簡単ではありません。人間は画像から意味を読み取る能力に長けているため、両者の違いを意識することはあまりないかもしれませんが、機械にとっては数値の世界と意味の世界とのギャップ（セマンティックギャップ）を越えることは今も難しい問題です。とはいえ、人間が画像から意味を読み取るという、昔からの画像データ利用を続けるだけでは、画像データというメディアの特性を十分に引き出すことはできません。人文学では、文字情報の有用性があまりに高いため、文字にばかり意識が向かってしまい、非文字情報への注目が不十分となりがちです。

　非文字情報に注目した研究の例として、われわれが地図や写真を研究してきた経験から提案した考え方「デジタル史料批判（digitally-enabled criticism）」を紹介したいと思います。史料批判とは、史料の信頼性を批判的に検証する研究プロセスであり、史料がどのような由来を持ち、どのような表現が使われているかなどの点を、史料を相互比較しながら検証することで、史料がどのくらい信頼できるかを調べていきます。しかし「書かれたもの」は必ずし

も文字だけではありません。例えば地図はどうでしょうか。われわれは地図を相互比較する方法で地図の信頼性が評価できること、そして信頼性が低い地図であっても読み方を工夫すれば情報をきちんと取り出せることなどを示しました[01]。

このように画像データは、文字情報を読むための材料となるだけではなく、非文字情報を「読む」ための材料ともなります。しかし非文字情報を読むという新しい読み方を実現するには、デジタル技術による支援、特に近年の発展が著しいコンピュータビジョンや機械学習の技術による支援が重要な役割を果たします。これらの技術は、問題を解くために必要な知識が少ないほど威力を発揮します。コンピュータビジョンは物理世界の性質さえ知っていれば解けるような問題に強く、機械学習は学習データさえ分析できれば解けるような問題に強いです。またこれらの技術は、いずれも数値の世界を対象とする点が共通しています。従って人文情報学が開発すべきデジタル研究技法は、数値の世界から有用な情報を取り出す部分を技術的に解決し、その成果を人間が活用しやすくすることで、人間が意味の世界をより深めていくことができる技法といえるでしょう。

本稿で紹介する「差読（differential reading）」というアイデアもこの種の技法のひとつであり、文字史料を最初にあえて非文字的に「読む」ことによって、最終的に人間の読みの負担を軽減することを目指しています。

2. 差読とは？

まず中野による版本書誌学の解説書[02/03]を参考に、江戸時代の出版について調べてみましょう。江戸時代の出版は、版木に文字や絵を彫って印刷する木版印刷が主流でした。版（板）権という言葉が端的に示すように版木は財産となるほどの貴重なものであり、その作成には多大なコストを要したことから、修正が必要な場合でも「埋木」などによる部分的な修正にとどめるなど、新しい版木の作成をできるだけ避けていました。このような修正も含

め、版本の変異は、(1) 刊(かん)(板・版)、(2) 印(いん)(刷・摺)、(3) 修(しゅう)(補・訂)の3つのタイプで区別します。刊とは新しい版木を彫って本を刊行すること、印とは既存の版木を使って本を刷ること、そして修は既存の版木に対して埋木などを使って部分的な修正を加えることを指します。

3種類の変異のうち、特に興味深いのは (3) のケースです。このタイプの変異を扱うには、ふたつの版を見比べて、その間に生じた部分的な修正を差分として検出する作業が必要となります。これは人間にとっては注意力を消耗するつらい仕事ですが、機械にとっては疲れ知らず(?)で連続的に実行できる得意な仕事です。このように、人間が苦手で機械が得意な仕事は、機械にやってもらうほうがよいのではないでしょうか。このような「人機分業」を活用すると、(1) 機械が差分領域を検出する、(2) 人間が差分領域を読むという、新しい読み方を考えることができます。これが、われわれの提案する「差読」です。

3. 画像ベース差分検出

まず差読を実現するために必要な技術について考えてみましょう。テキストの場合、異なる版を比較するという研究には長年の歴史がありますが、まず画像からテキストを取り出さないとこの方法は使えません。それに対して画像をそのまま使う画像ベースの差分検出なら、テキストを取り出す必要はありません。2枚の画像をそのままマッチングし、重ね合わせ、画素単位の差分を検出することで、異なる版の比較が可能となります。

この中で、最初のステップとなる画像マッチングは、コンピュータビジョン研究における基本問題であることから、これまで非常に多くの研究が行われてきました。第一に、2枚の画像から特徴点と呼ばれる点を自動検出します。これは物体の境界や角(かど)のように、物体の位置や角度が変わっても不変となる点が主に選ばれます。第二に、特徴点周辺の画素を分析し、特徴点に対応する特徴量ベクトルを算出します。このベクトルは、特徴点同士の類似性

を評価するために用います。第三に、2枚の画像が最もよく重なる画像変換パラメータを探索します。これは3次元空間における射影変換行列を推定する問題に帰着します。最後に、2枚の画像の画素値を比較し、画素値が大きく変化した画素を選び出すことで、差分検出は完了します。以上に述べた機能は、OpenCVなどのオープンソースソフトウエアでもすでに提供されており、スクリプト言語などから気軽に試してみることも可能です。

ただしこうした手法も万能ではありません。撮影条件が大きく異なる場合（例えばマイクロフィルムとデジタルカメラ）や、紙面が湾曲しているような場合は、マッチングの精度が大きく低下してしまいます。これから画像を撮影する場合は、できるだけ撮影条件を揃え、紙面をフラットにした状態で撮影するように注意してください。

4.「武鑑全集」プロジェクト

最後に差読の適用例として、「武鑑全集」プロジェクトを紹介します[04]。藤實による解説書[05]を参考にすると、「武鑑」とは以下のような特徴を備えた史料です。(1) 江戸時代に出版された大名家および幕府役人の名鑑です。(2) 17世紀中ごろに出版され始め、慶応3年（1867）10月14日の大政奉還まで200年以上出版が続きました。(3) 実用書でありロングセラーブックでした。(4) 社会の需要に応えて、年を追うごとに厚くなり、その改訂の頻度は年に数度から月に数度までに増えました。われわれはこのように、時間方向に連続的に更新される多数のバージョンを有する史料を「時系列史料」と定義し、差読を活用した分析方法を確立したいと考えています。

現在の研究対象はROIS-DS人文学オープンデータ共同利用センター（CODH）が配布するオープンデータ「日本古典籍データセット」（国文学研究資料館所蔵）に含まれる381点の「武鑑」です（2017年12月現在）。特に須原屋茂兵衛が出版した『寛政武鑑』（寛政1年、1789）と『寛政武鑑』（寛政3年、1791）の2点を選び、画像ベース差分検出の有効性を確かめました。差分検

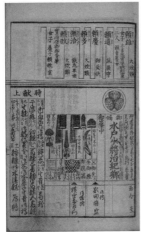

図1 「武鑑」の比較例。左が『寛政武鑑』(1789)、中が『寛政武鑑』(1791)、右が両者を比較した結果。1789年版のみ存在する部分は赤、1791年版のみ存在する部分は青で着色している（ただし白黒印刷の場合は判別できない）。※カラーは［04］URLの277頁参照。

出ソフトウエアにはOpenCV 2.4を利用し、特徴点検出にはFAST、特徴記述にはBRIEF、マッチングにはハミング距離（全探索）、射影変換行列の推定にはRANSACを用いました。そして重ね合わせ画像に対して、1789年版のほうが暗い画素は赤、1791年版のほうが暗い画素は青で着色することで差分をカラー強調し、差分が小さい画素は白で表示し背景化しました。その結果を図1に示します。この強調表示を見れば、1791年版では左上の系図に追加があること、右下の人物にも複数の追加や変更が存在することが一目瞭然です。

　差読には以下のような利点があります。第一に、時系列史料に対して差分が生じた部分のみを翻刻（文字を打ち込んでテキスト化すること）する「差分翻刻」を適用することで、翻刻の手間が大きく減る可能性があります。第二に、埋木による修正だけではなく、非文字的な情報の変化（版木の部分的な欠損など）も検出できるため、テキストベース差分検出と比べて、バージョンの前後関係をより正確に同定できる可能性があります。第三に、「武鑑」における差

分は人びとの昇進や引退、死去などのイベントに対応するため、情報の変化率そのものが幕藩政治体制に関する新たな情報を提供する可能性があります。例えば災害は人事異動の頻度を高めたのか、といった新たな問いに答える道が開かれるかもしれません。

　画像データを人間が読むためだけに使うのはもったいない。むしろそれを機械に読ませてみれば、文字が読めるという以上の新しい情報が得られるかもしれません。史料＝文字という固定観念から離れ、「非文字を読む」という発想を追究してみてはいかがでしょうか。

────注

[01] 西村陽子・北本朝展「ディジタル史料批判と歴史学における新発見」、『人工知能学会誌』Vol. 31、No. 6、2016年11月、769-774頁。
[02] 中野三敏『書誌学談義：江戸の板本』岩波書店、2015年。
[03] 中野三敏『和本のすすめ：江戸を読み解くために』岩波書店、2011年。
[04] 北本朝展・堀井 洋・堀井美里・鈴木親彦・山本和明「時系列史料の人機分担構造化：古典籍『武鑑』を参照する江戸情報基盤の構築に向けて」、『人文科学とコンピュータシンポジウム論文集：じんもんこん2017』2017年12月、273-280頁。http://id.nii.ac.jp/1001/00184666/.
[05] 藤實久美子『江戸の武家名鑑：武鑑と出版競争』吉川弘文館、2008年。

chapter 4

歴史データをひらくこと
－オープンデータ－

橋本雄太（国立歴史民俗博物館）

1. はじめに

　インターネットを通じて誰でも入手でき、自由に改変や再配布が認められているデータを一般に「オープンデータ」と呼びます。インターネットの世界において、オープンデータはいわば公共財としての役割を果たします。オープンデータの利用者は、著作物の二次利用にともなう複雑な権利関係に頭を悩ますことなく、そのデータを活用した自由な研究開発や創作活動、あるいは商業的活動に取り組むことができます。

　データのオープン化によってもたらされる利益は広く認識されており、行政や学術など公共的性格の強い分野において、オープンデータの公開は着実に根付きつつあります。歴史学を含む人文学研究の領域もその例外ではありません。本章では、オープンデータとその関連概念について説明し、人文学特に歴史学においてオープンデータの公開がもたらすさまざまな可能性について議論します。

2. オープンデータ普及の背景

オープンデータをめぐる今日の状況はさまざまな歴史的経緯の上に成り立っていますが、「データへのアクセスを自由化する」考え方が最初に確立したのは自然科学分野であるといわれます。天文学や地球惑星科学の分野では、1957-58年の国際地球観測年にあたって世界資料センター（World Data Center/WDC）が設立されました[01]。この機関は世界中の研究機関や観測施設から観測データを受け入れるとともに、研究者の求めに応じて（必要経費を除き）無償でこれらのデータを提供するものです。その目的は、予見できない災害などによるデータの逸失を防ぐこと、また特定の機関や国家によって重要な科学研究データが専有されることを防ぐことにありました。

科学研究のオープンデータ公開は、インターネットの発達と普及を通じてさらに加速しました。データの公開とアクセスにかかるコストが劇的に削減されたためです。1995年には、全米研究評議会（National Research Council）の委員会により『科学データの完全かつオープンな交換について』[02]と題されたレポートが刊行されました。このレポートは環境モニタリングの結果など、観測範囲や影響範囲が地球全体にわたるデータの全世界的な共有を提唱するもので、「オープンデータ」という用語の初出ともされます。2004年には、OECD全加盟国の科学技術大臣が、公的助成を受けた科学研究による研究データを原則オープン化する宣言に署名しました。

オープンデータの公開は政府や地方自治体など行政分野においても活発です。行政のオープンデータ公開は「オープンガバメント」運動に強く影響されたものです。オープンガバメントとは、市民にとって透明かつオープンな政府を目指す政策指針であり、2009年に当時のオバマ米国大統領が公表した大統領メモによってその方針が明らかにされました[03]。このメモでは（1）透明性、（2）市民参加、（3）官民連携の3つを基本原則として、政府のオープン化の推進が提唱されています。その実現にあたっては行政データの積極的公開が必要不可欠でした。オバマ大統領のメモを受け、早くも2009年5

月には米国政府のオープンデータを公開する Data.gov [04] が設立されました。米国を除く各国政府もオープンガバメントの運動に追随し、日本では 2012 年に IT 総合戦略本部が「電子行政オープンデータ戦略」[05] を策定しています。

　自然科学や行政分野のオープン化運動の強い影響を受け、文化学術機関においてもオープンデータの公開は急速に普及しつつあります。とりわけ文化資料を公開するデジタルアーカイブでは、特別な法的制約が存在しない限り資料情報をオープンデータとして公開することが一般化しつつあります。

3. ライセンス

　オープンデータは何らかの利用条件を明示して公開されますが、データごとに逐一利用条件を設定していてはデータの提供者と利用者の双方に負担になります。そこで一般には政府や NPO などの団体が策定した標準ライセンスが使用されます。以下では、デジタルアーカイブやデータベースで利用されることの多い代表的なライセンスについて説明します。

3.1. クリエイティブ・コモンズ・ライセンス

　インターネット法の専門家ローレンス・レッシグらによって創設された非営利組織クリエイティブ・コモンズ（Creative Commons/CC）によって提供されるライセンスです [06]。電子データを含む著作物一般に適用することができます。

　著作物の利用条件には、著作者のクレジット表示を求める「表示」（BY）、営利目的での利用を禁じる「非営利」（NC）、改変を禁じる「改変禁止」（ND）、派生著作物に同じ CC ライセンスの付与を求める「継承」（SA）など 4 種類の条件が設定されています。これらの利用条件の組み合わせによって、6 種類の CC ライセンスが定義されています。例えば「CC BY-SA ライセンス」は、著作者のクレジットを表示し、また著作物を改変した場合には同じ CC ライセンスで公開することを条件に、営利目的での二次利用も認めるものです。CC ライセンスはあくまで著作物の利用条件を明示化するもので、著作権の

放棄とは異なることに注意が必要です。著作物に関するあらゆる権利を放棄する際には、CC0 という表示によってその意志を示す方法が用意されています[07]。なお、著作権を含む知的財産権が消滅し存在しない著作物の状態を「パブリックドメイン（PD）」と呼びます。CC0 は著作物をパブリックドメインに置くことを宣言するものです。

CC ライセンスは Wikipedia などインターネット上のさまざまなプロジェクトで利用されており、一部の歴史資料デジタルアーカイブの利用規約にも採用されています。ただし CC ライセンスは**著作者自身が**著作物の利用条件を明示化するためのライセンスです。文化学術施設が所蔵する（著作権が失効した）歴史資料に CC ライセンスを付与することについては、法的な意味を疑問視する声もあります[08]。

3.2. 政府標準利用規約

2014 年に作成された、日本政府の府省の Web サイトの利用ルールを定める規約です[09]。出典の記載や第三者の権利を侵害しないこと、個別法令による利用制約を遵守することなどを条件に、コンテンツを自由に利用、複製、加工、再頒布することを認めています。第 1.0 版では「公序良俗に反する利用や国家・国民の安全に脅威を与える利用」の形態が禁止されていましたが、条件が不明確でありデータ利用の萎縮を招くとして、2015 年に改定された第 2.0 版ではこの条件が削除されました。第 2.0 版で定められた利用規約は、クリエイティブ・コモンズの表示ライセンス（CC BY）と互換性があることが明記されています。

3.3. Rights Statements

CC ライセンスは著作者自身が著作物のライセンス表示をするための仕組みです。これに対して Rights Statements は、インターネット上で公開される資料の**権利の所在**のみを表記するための仕組みです[10]。文化学術施設が収蔵する資料は、通常は当該施設ではなく第三者によって作成されたものですから、資料の権利表示のための仕組みとしては CC ライセンスよりも Rights

Statements のほうが適している場合があります。

　Rights Statements では、資料の著作権が残存しているケースと失効しているケースの2グループについて、合わせて12種類の権利表記が定義されています。例えばNO COPYRIGHT - CONTRACTUAL RESTRICTIONS[11]は、「資料に著作権は存在しないものの、利用にあたってはその他何らかの法的制約が課されている」ことを明示するものです。

　Rights Statements は欧州の統合デジタルアーカイブであるEuropeana[12] や米国デジタル公共図書館（Digital Public Library of America/DPLA）[13]などですでに採用されています。まだ日本国内での採用例は少数ですが、今後デジタルアーカイブにおける権利表示の国際的標準として広く普及する可能性があります。

4. 機械可読性

　ライセンスと並んでオープンデータの利用可能性を左右するのが機械可読性です。データの価値を最大化するためには、人間が見て理解できるだけでなく、「コンピューターによって容易に処理できる（機械可読性の高い）」形式で公開することが重要です。例えば文書データを公開する際には、紙の文書をスキャンした画像データを公開するよりも、全文検索が可能なPDFファイルとして公開したほうが利用は容易です。さらにテキストデータそのものも公開すれば、機械処理はさらに容易になります。

　こうした考え方に基づき、World Wide Webの発明者であるティム・バーナーズ＝リーは、オープンデータの公開形式を5段階で評価する指標である「5つ星スキーム」を提案しました（図1）[14]。各段階が推奨する公開形式は次のようなものです。

　　★　（どんな形式でも良いので）あなたのデータをオープンライセンスでWeb上に公開しましょう

　　★★　データを構造化データとして公開しましょう（例：表のスキャン画像

よりも Excel）

★★★ 非独占の形式を使いましょう（例：Excel よりも CSV）

★★★★ 物事を示すのに URI を使いましょう。そうすることで他の人々があなたのデータにリンクすることができます

★★★★★ あなたのデータのコンテキストを提供するために他のデータへリンクしましょう

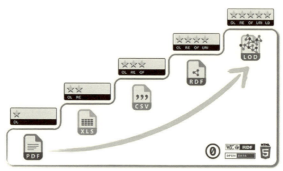

図1　5つ星オープンデータの各段階

「5つ星スキーム」は、CSV のように特定のプラットフォームに依存せず、また機械処理が容易なフォーマットでデータを公開することで、データの利用可能性を最大化することを推奨しています。さらに URI（Universal Resource Identifier）を用いてほかのデータとの関係やコンテキストを記述することで、データを Linked Data として公開することを勧めています。

　Linked Data は Web 上で構造化データを公開・共有するための技術群であり、URI（Universal Resource Identifier）や RDF（Resource Description Framework）などの Web 標準技術を駆使して、Web 上に公開されるさまざまなデータを相互に「リンク」する仕組みです[15]。オープンライセンスのもとに公開される Linked Data は Linked Open Data（LOD）と呼ばれます。

5. 人文学資料のオープンデータ化がもたらす可能性

すでに多くの文化学術機関が、自館が所蔵する資料をデジタル化し、インターネット上でデジタルアーカイブやデータベースとして公開しています。一部機関では、デジタル化した資料をオープンデータとして公開する取り組みも進められています。公開されるデータには、古文書や絵図、写真などをスキャンした画像データ、文学作品や歴史文献資料を翻刻したテキストデータ、博物館資料や美術作品の目録情報などが含まれます。以下では、こうした人文学資料をオープンデータとして公開する意義について考えてみましょう。

5.1. 二次利用の促進

人文学資料をオープン化する最大の意義のひとつは、資料の二次利用にかかるさまざまな制約を解消することでしょう。1990年代から2000年代にかけて、各地の図書館や博物館、美術館において所蔵資料のデジタルアーカイブ化が急ピッチで進められました。しかしながら公開資料を研究論文に引用したりWebサイトに転載したりするためには、別途申請が必要となる場合が少なくありませんでした。

デジタル化した資料を明確なライセンス表記のもとオープンデータとして公開することで、資料の利用にかかる煩雑な手続きを解消することができます。これはデータ提供者側の作業負荷を低減することにもつながります。

5.2. マッシュアップによる価値創造

オープンデータとして公開されたデータは、利用者が自由に加工し再配布することができます。あるデータをほかのデータと組み合わせたり、利用者が開発したソフトウエアにデータを組み込んだりすることも可能です。データの組み合わせによって新しい価値を生み出す手法は「マッシュアップ」と呼ばれ、オープンデータの活用手段として盛んに実践されています。

歴史資料のオープンデータにもマッシュアップは有効です。歴史資料の目録データやテキストデータベースには、歴史的な人物や団体、著作、事件な

ど、さまざまな事項に関する情報が記述されています。これらの事項に関するオープンデータを組み合わせることで、歴史資料を立体的に捉える視覚化が可能になるかもしれません。例えば人間文化研究機構は、歴史地名辞典や明治期の地図をもとに作成した 30 万件以上の座標情報付き地名データからなる「歴史地名データ」を CC BY ライセンスのもと公開しています[16]。このデータセットを古文書や古記録など文献資料のテキストデータベースとマッシュアップし、座標情報を地図上にプロットすることで、歴史記録の空間的把握を容易にする可視化アプリケーションを開発するといった活用法が考えられます。

5.3. データ駆動型の人文学研究の促進

従来型の人文学資料のデジタルアーカイブやデジタルライブラリーは、公開資料の用途を「資料の閲覧・鑑賞」に限定するかたちで設計されてきました。機械処理が容易なフォーマットでデータを提供することで、図書館や博物館などのデータ提供者がこれまで想定してこなかった、新しい人文学資料の活用法が生まれる可能性があります。

人文学資料の新しい活用法として期待される手法のひとつが、統計的手法や機械学習技術を駆使した「データ駆動型」の人文学研究です。例えば文学研究の分野では、特定の作家／時代／地域／言語の文学作品群に対して自然言語処理や統計処理を適用することで、個別作品の熟読からは導出が困難な新しい知見が得られる可能性があります。このような手法は「遠読 (distant reading)」と呼ばれ、文学研究の新しい手法として高い注目を受けています[17]。遠読を駆使した研究には大量のテキストが必要となるため、過去の文学作品のオープンデータ化は分野全体の発展に大きく影響します。

6. 歴史学・人文学分野のオープンデータ

以下では、実際に日本国内で公開されている人文学資料のオープンデータをいくつか紹介します。

▶ **国立国会図書館デジタルコレクション**[18]

　国立国会図書館が所蔵しデジタル化した資料を公開するWeb上のコレクションです。文献や絵画をデジタルスキャンした画像資料のほかに、レコードなどをデジタル化した音源資料も公開されています。著作権が失効したパブリックドメイン資料は原則としてインターネット公開され、国立国会図書館に申請することなく複製や再頒布も含めて自由に利用することができます。さらに、国立国会図書館デジタルコレクション全体の書誌データなどのデータセットもオープンデータとして公開されています。

▶ **国立文化財機構 ColBase**[19]

　2017年に公開された国立文化財機構の4つの博物館（東京国立博物館、京都国立博物館、奈良国立博物館、九州国立博物館）の所蔵品を横断的に検索することのできるシステムです（図2）。資料の目録情報に加えてデジタル画像も閲覧することができます。ColBaseの利用規約は政府標準利用規約第2.0版に

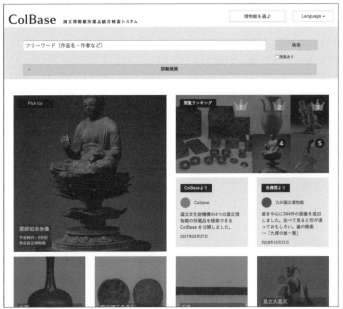

図2　ColBase

準拠しており、出典を記載する限りにおいて商用目的も含めて自由にコンテンツの複製や翻案が可能です。

▶ 歴史的典籍NW事業オープンデータセット[20]

2014年度より、国文学研究資料館は「日本語の歴史的典籍の国際共同研究ネットワーク構築計画（歴史的典籍NW事業）」と題された大規模な研究事業を実施しています。この事業では国文学研究資料館とその連携機関が所蔵する約30万点の古典籍資料のデジタル化が進められています。このデジタル化資料の活用を図るため、国文研では古典籍に関わるデータをオープンデータとして公開しています。2016年11月からは、情報・システム研究機構に設立された人文学オープンデータ共同利用センター（CODH）と連携し各種データセットの公開を進めています。

2018年12月時点では、古典籍1,767点の画像データと書誌データなどを公開する「日本古典籍データセット」、古典籍から採取した3,999文字種の字形データ403,242文字からなる「日本古典籍くずし字データセット」、江戸の料理本に書かれたレシピを現代語訳も含めてまとめた「江戸料理レシピデータセット」などが公開されています。データセットのラインセンスには多くの場合クリエイティブ・コモンズ 表示-継承4.0 国際 ライセンス（CC BY-SA）が用いられています。

▶ 国立歴史民俗博物館 khirin[21]

国立歴史民俗博物館が公開する歴史・民俗・考古学資料のデータベースです（図3）。同館が推し進める「総合資料学の創成と日本歴史資料の共同利用基盤構築」事業の一環として開発・運営されています。2018年12月時点では、国立歴史民俗博物館の館蔵資料のほか、歴史民俗調査カード（1970年代に文化庁が作成した文化財の調査カード）、千葉大学所蔵町野家文書などが公開されています。khirinの利用規約は政府標準利用規約第2.0版に準拠しており、特に断りがない場合は出典を明記するだけで自由に利用することが可能です。一部資料については、目録情報だけでなく画像データもIIIF(International

図3　国立歴史民俗博物館 khirin

Image Interoperability Framework）のフォーマットで提供されています。

▶人文学オープンデータ共同利用センター[22]

　2017年に設立された情報・システム研究機構データサイエンス共同利用基盤施設人文学オープンデータ共同利用センター（Center for Open Data in the Humanities / CODH）は、情報学・統計学の技術を駆使した人文学データのアクセス改善や、データ駆動型の人文学研究、超学際的な人文学研究の実現などを目的とした組織です。

　CODHは前述の歴史的典籍NW事業にあたって国文学研究資料館と連携しており、日本古典籍データセットや日本古典籍くずし字データセット（図4）はCODHから公開されています。2018年12月には、日本古典籍くずし字データセットを加工し、機械学習分野で著名なMNISTデータセット互換のくずし字データセットKMNIST[23]を公開しました。KMNISTは機械学習研究者から高い注目を集めており、くずし字の自動認識の実現につながることが期

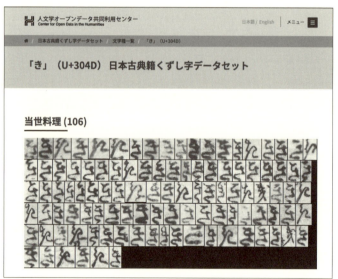

図4 日本古典籍くずし字データセット

待されています。またCODHでは『武鑑全集』や『近代雑誌データセット』など、さまざまな人文学資料を機械処理が容易な形式で公開しています。

▶ 京都府立京都学・歴彩館 東寺百合文書WEB [24]

　京都府立京都学・歴彩館（旧京都府立総合資料館）は、同館のWebサービス「東寺百合文書WEB」にて東寺百合文書のデジタル画像をオンライン配信しています。東寺百合文書は京都・東寺に伝えられた約2.5万点の古文書群であり、東寺と関係のあった有力な荘園の経営に関する文書や寺内会議の議事録などを大量に含むことから、中世日本史研究における第一級史料とみなされています。東寺百合文書WEBではこれらの文書のデジタルスキャン画像に加えて書誌データや翻刻データ（一部資料のみ）を公開しています。公開データはCC-BYライセンスにて利用することができます。東寺百合文書ほどの規模と重要性を有した日本史史料がオープンデータとして公開された事例はほかになく、2014年の公開時には大きな反響がありました。

▶ 愛知県美術館コレクション [25]

愛知県美術館は 2018 年 11 月に同館が所蔵する 1,200 件超のコレクション画像をパブリックドメインのコンテンツとして公開しました。日本国外ではメトロポリタン美術館やシカゴ美術館といった大規模美術館がすでにパブリックドメイン化した所蔵作品を公開していますが、日本では非常に先進的な事例といえます。パブリックドメイン化した作品は CC ライセンスで公開される著作物と異なり、転載にあたって所蔵元のクレジット表記が必要ありません。愛知県美術館では「公開画像利用時のお願い」として、同館のクレジット表記に協力を求めています。

7. オープンデータの普及に向けた諸課題

　日本国内でも、文化学術機関による人文学資料のオープンデータ化は一般化しつつあります。しかし研究者や研究グループによるオープンデータの公開事例はほとんどありません。歴史学を含む人文学の研究では、資料目録や翻刻テキストなど多種多様なデータが生まれます。そうしたデータが研究者個人や研究室の PC に「死蔵」されているケースも少なくありません。以下では、研究者レベルでのオープンデータ公開の障害となる要因について考えてみます。

7.1. 評価の問題

　人文学における研究成果の発表方法の主流は、今もって学会あるいは出版社を通じた紙媒体での出版です。研究上のデータを電子化し Web 上で公開しても、それが業績として評価の対象になることは少なく、そのために研究者が労を取って研究データのオープン化に取り組むモチベーションが生じにくいという構造があります。他方で紙媒体での出版は紙数の制限を受けるとともに、機械的な情報の加工や探索に適しておらず、Web の利用が浸透した今日においては必ずしも最適な研究成果の公開方法とはいえません。

　人文学研究者が研究の過程で生み出した公共性・再利用性の高い研究データのオープン化を促すためには、データ公開を研究者の業績として適切に評

価する仕組みが必要です。自然科学分野では、「データジャーナル」がこうしたデータを評価する仕組みとして期待されています。データジャーナルとは、研究成果発表の場である通常の論文誌とは異なり、重要度の高い基礎的な研究データの共有と再利用を目的として主にオンラインで刊行される学術雑誌です。投稿される研究データは、各ジャーナルの求めるデータの記述様式（データディスクリプター）を満たす品質の高いデータであるかどうか査読による評定を受け、適切なメタデータを付与された上でCC BYなどのライセンスで公開されます。2014年には、ネイチャー・パブリッシング・グループによるデータジャーナル"Scientific Data"が創刊されました。

人文学分野では、2015年に創刊された日本デジタル・ヒューマニティーズ学会の学会誌 Journal of the Japanese Association for Digital Humanities が、通常の論文と並んで人文学データセットの投稿を受け付けることを表明しています[26]。今後、有用な人文学データのオープン化事例が増加していくことが期待されます。

7.2. 出版文化との衝突

人文学の基礎資料の編纂と出版は、これまで出版社の力に依拠してきました。例えば日本史・国文学分野の最重要基礎資料である『国書総目録』は、昭和期に岩波書店によって発行された目録です。このため出版社の意向が人文学資料のオープン化の障害になる場合があります。

2013年に、かねて「近代デジタルライブラリー」（国立国会図書館が公開していた近代資料のデジタルコレクション。2014年に国立国会図書館デジタルコレクションに統合）上で公開されていた『大正新脩大蔵経』および『南伝大蔵経』が、一般社団法人日本出版者協議会（出版協）の抗議を受けて一時的に公開が停止されたことがありました。この抗議は、上記の書籍が仏教出版社の大蔵出版により現在も刊行、販売されており、国立国会図書館によるデジタル公開によって同社の事業が損害を被っているという内容のものでした。この抗議を受け、最終的に国立国会図書館は出版社側に配慮し、『大正新脩

大蔵経』及び『南伝大蔵経』のインターネット公開を当面の間停止するという措置を下しています[27]。

　研究書や史料集の刊行を通じて、出版社は日本の人文学研究を長年にわたり支えてきました。しかしながら出版社が人文学の基礎資料を抱え込んでいるために、そのオープンデータ化が遅々として進まないという皮肉な構図があります。この課題については研究者側と出版社側が協議を重ねていく必要があるでしょう。

8. おわりに

　本章では、人文学領域におけるオープンデータ普及の背景、意義、現状、今後の課題について概説的に論じました。自然科学や情報学の分野と比較すると、人文学領域におけるオープンデータ公開の取り組みは活発であるとはいえません。しかし同時に今後の可能性を秘めた分野であるともいえます。

　歴史を振り返っても、人文学は時代に合わせて研究データの共有・公開手法を進歩させてきました。例えば江戸時代の国学者・塙保己一（はなわ ほきいち）は、貴重な古典籍の散逸と国学の衰退を恐れ、古代から近世に書かれた重要文献を集書し、一大叢書として刊行する事業に取り組みました。塙の事業は三十余年をかけて『群書類従（ぐんしょるいじゅう）』として結実し、その後の国文学および史学研究の発展に大きく貢献したことは広く知られています。『群書類従』の編纂は、写本（しゃほん）というかたちで閉じられていた古典の世界を、出版によって「オープン化」する企てであったといえるでしょう。今後、人文学の諸分野においてオープンデータについての活発な議論が起こることが期待されます。

───注（Web ページはいずれも 2018-12-1 参照）

[01] Committee on Scientific Accomplishments of Earth Observations from Space, National Research Council. Earth Observations from Space: The First 50 Years of Scientific Achievements. *The National Academies Press*. pp. 6., 2008.
[02] National Research Council. On the Full and Open Exchange of Scientific Data. *National Academies*, 1995.
[03] Barack Obama. "Memorandum on Transparency and Open Government". 2009. https://www.archives.

[04] Data.gov. https://www.data.gov/.
[05] 電子行政オープンデータ戦略, https://www.kantei.go.jp/jp/singi/it2/pdf/120704_siryou2.pdf.
[06] クリエイティブ・コモンズ・ジャパン, https://creativecommons.jp.
[07] CC0 について, https://creativecommons.jp/sciencecommons/aboutcc0/.
[08] 生貝直人「デジタルアーカイブと利用条件」,『カレントウェアネス・ポータル』322、2014 年。
[09] 政府標準利用規約（第 2.0 版）, https://www.kantei.go.jp/jp/singi/it2/densi/kettei/gl2_betten_1.pdf.
[10] Rights Statements, https://rightsstatements.org/.
[11] COPYRIGHT - CONTRACTUAL RESTRICTIONS, https://rightsstatements.org/page/NoC-CR/1.0/.
[12] Europeana, https://www.europeana.eu/.
[13] Digital Public Library of America, https://dp.la/.
[14] 5-star opendata, https://5stardata.info/.
[15] Linked Data とその周辺技術については次を参照してください。
Tom Heath and Christian Bizer. Linked data: Evolving the web into a global data space. S Morgan & Claypool Publishers, 2011（武田英明監訳『Linked Data：Web をグローバルなデータ空間にする仕組み』近代科学社、2013 年）.
[16] 歴史地名データ, https://www.nihu.jp/ja/publication/source_map/.
[17] Franco Moretti. Distant reading. Verso Books, 2013（秋草俊一郎訳『遠読－〈世界文学システム〉への挑戦』みすず書房、2016 年）.
[18] 国立国会図書館デジタルコレクション, http://dl.ndl.go.jp/.
[19] ColBase, https://colbase.nich.go.jp/.
[20] 歴史的典籍 NW 事業オープンデータセット, https://www.nijl.ac.jp/pages/cijproject/data_set_list.html.
[21] khirin, https://khirin-ld.rekihaku.ac.jp/.
[22] 人文学オープンデータ共同利用センター, http://codh.rois.ac.jp/.
[23] KMNIST データセット, http://codh.rois.ac.jp/kmnist/.
[24] 東寺百合文書 WEB, https://hyakugo.kyoto.jp/.
[25] 愛知県美術館コレクション, https://www-art.aac.pref.aichi.jp/collection/index.html.
[26] Journal of the Japanese Association for Digital Humanities, https://www.jstage.jst.go.jp/browse/jjadh.
[27] カレントウェアネス・ポータル「国立国会図書館、インターネット提供に対する出版社の申出への対応についての報告を公開」2014 年 1 月 8 日, http://current.ndl.go.jp/node/25212/.

chapter 5

歴史データをひらくこと
− クラウドの可能性 −

橋本雄太（国立歴史民俗博物館）

1. はじめに

　大学や博物館、図書館などの文化学術機関において、インターネットを通じて多数の市民の参画を呼びかけ、少数の専門家の手では不可能であった大規模な作業をオンラインで実現する試みが近年始まっています。文献資料の翻刻(ほんこく)、絵図の分類、史料中に現れる地名や人名のタグ付けなど、人文学資料を対象とするさまざまな作業が市民との協働のもと実施されています。さらには、公的資金では賄えない事業資金の寄附をオンラインで呼びかけ、資金調達に成功した事例も増えつつあります。インターネットの分散的な特性を駆使し、世界中の人びとに協力を呼びかけることで問題解決につなげるこうした手法を「クラウドソーシング」と呼びます。
　本章では、まず文化学術機関においてクラウドソーシングが普及した背景について説明し、次に人文学資料、特に歴史資料を対象としたクラウドソーシングの主要事例を紹介します。その上で、文化学術領域におけるクラウドソーシングの課題について議論します。

2. クラウドソーシング登場の背景

　1990年代から急速な勢いで発展と普及を遂げたインターネットは、遠距離通信にかかるコストを事実上ゼロにしただけでなく、人類史上かつてない規模の協働プラットフォームとして成長しました。1990年代から2000年代にかけて、インターネットを基盤とした参加型プロジェクトが次々と実施され、その多くが目覚ましい成果をあげたのです。これらは趣味や慈善といった非営利目的を出発点としつつも、世界中から多数の人びとの協力を引き出すことに成功し、大企業が開発する製品やサービスを遥かに上回る品質や規模を達成しました。その中には世界経済に影響を及ぼしたものも少なくありません。

　現在最も高いシェアを有するコンピューターのOS（オペレーション・システム）のひとつであるGNU/Linuxの開発プロジェクトはその代表的事例です。Linuxはもともとヘルシンキ在住のプログラマーであるリーナス・トーバルズ（Linus Torvards）の個人プロジェクトとして開始しましたが、トーバルズがLinuxの中核部分である「カーネル」のソースコードをインターネット上で公開し、メーリングリストを通じて世界中のプログラマーに開発への参加を呼びかけた結果、1万人以上の開発者が参加する巨大プロジェクトへと成長したのです。LinuxはWebサーバーやスマートフォン、また組み込み機器のOSとして利用されており、現在のICT社会に必要不可欠な役割を果たしています。

　オンラインの百科事典Wikipedia[01]は、研究者や学芸員などの専門家ではなく、一般のボランティアが記事の執筆を担う参加型プロジェクトです。Wikipediaの前身は、2000年にWeb広告企業のBomis社が設立したNupedia[02]というオンラインの百科事典サービスでした。Nupediaでは専門家が記事執筆を担当していましたが、厳格な編集方針のため記事公開の遅れが大きな問題となっていました。そこで当時Bomis社に雇用されていた哲学者ラリー・サンガーがwikiエンジンを用いたオープンな編集体制を提案し、2001年に

Nupediaと独立のプロジェクトとして公開しました[03]。誰でも記事編集に参加できるWikipediaはインターネット上で大きな注目を集め、2001年の終わりにはWikipedia上の記事数は15,000項目にも上りました。2016年8月時点でWikipedia上の公開記事は520万件を超え、Wikipediaは世界で7番目に訪問者数の多いWebサイトに数えられています。

　LinuxやWikipediaは、世界中の人びとに参加を呼びかけることによって大規模な協働を実現しました。インターネット登場以前にこのような大規模協働を実現することは、大企業や政府の主導なくしては不可能だったでしょう。しかしインターネットは人びとの協働の可能性を一変させました。世界中に散らばった興味関心を同じくする人びとが互いに協力し、労働力やリソースを提供することで、最高品質のソフトウェア開発や世界最大の百科事典の執筆が可能になったのです。こうしたプロジェクトの形態は「分散型コラボレーション（distributed collaboration）」や、「ピア・プロダクション（peer production）」と呼ばれます[04]。同様の事例には、地球外生命探査のためにインターネット経由で計算リソースを共有するSETI@home[05]や、ボランティアが運営を担うオンラインの電子図書館Project Gutenberg[06]、世界中の地図データを作成・共有するOpenStreetMap[07]などのプロジェクトが知られています。

　非営利プロジェクトであるLinuxやWikipediaの成果物はオープンライセンスで公開されており、誰しもこれらのプロジェクトの恩恵を受けることができます。一方で2000年代以降には、インターネットを通じた大規模参加の仕組みを営利活動に利用する試みも登場しました。さまざまな企業が、単純作業から高度な研究開発に至るまで、かつては従業員に担わせていたさまざまな作業をインターネットを通じて世界中の人びとにアウトソース（外部委託）する取り組みを始めたのです。

　2001年に設立されたInnoCentive[08]は、インターネットを利用する多数の人びとの能力を、研究開発における問題解決のプロセスに活用するためのプラットフォームです。InnoCentiveの主要顧客は、自組織では解決できなかっ

た困難な問題を抱える企業や政府、非営利団体（seekerと総称されます）です。seekerは未解決問題を賞金付きの「チャレンジ」としてInnoCentiveに登録します。これらのチャレンジには「鉄道路線に繁茂する雑草の管理」から「フグ毒の神経作用を中和する手法の開発」までさまざまな課題が含まれます。InnoCentiveにはおよそ38万人のユーザーが問題解決者（solverと呼ばれる）として登録しており、問題の解決手法を提案することで、seekerから賞金を得ることができます。

2005年にAmazon社が開設したMechanical Turk[09]は、世界中のインターネット利用者を単純労働のアウトソーシング先として利用するオンラインサービスです。Mechanical Turkの利用者（通常は企業）は、写真や動画に映し出された物体のタギングや画像・音声の文字起こしなど、機械的な自動処理は困難ながら人間なら比較的容易に実施できる単純作業をオンラインで委託することができます。このタスクは細かく分割され、Amazon社と契約した多数の作業者にオンラインで送信されます。作業者はMechanical Turkが提供するWebインターフェイス上でこれらの作業を実施し、作業量に応じて報酬を得ることができます。作業に対する報酬は少額で、2-3セントに満たない場合もあります。しかし2018年時点で発展途上国や貧困層の人びとを中心にして、数万から数十万人の人びとがMechanical Turkプラットフォーム上で作業に従事しているといわれています。

InnoCentiveやMechanical Turkは、インターネットの分散的性質を駆使した新しい問題解決手法として注目を浴びました。2006年6月、テクノロジー関係の記事を中心に掲載する雑誌Wiredに「クラウドソーシングの興隆（The Rise of Crowdsourcing）」というタイトルの記事が掲載されました[10]。この記事が「クラウドソーシング」という用語の初出です。著者のジェフ・ハウ（Jeff Howe）は、前述のInnoCentiveやAmazon Mechanical Turkなどのオンライン事業を記事中で紹介し、インターネットを介したユーザー参加を問題解決や商品開発に活用するこうした事業の形態を「クラウドソーシング」と名付けま

した。

> プロダクトデザインソフトウエアからデジタルビデオカメラに至るまで、あらゆる分野における技術発展が、かつてはアマチュアとプロフェッショナルを分け隔てていたコストの壁を打ち崩しつつある。趣味人、パートタイム従業員、道楽家の人々の前に、突如として彼らの労働力を求めるマーケットが出現したのである。これは、製薬業界からテレビ業界に至るまで、多種多様な業界の中から抜け目ない企業が、群衆（crowd）の潜在的能力を駆使する方法を発見した結果だ。彼らに支払う報酬は必ずしも無料という訳ではないが、伝統的な形態の従業員に支払う報酬よりも、ずっと安く済ますことができる。これはアウトソーシングというより、クラウドソーシングと呼ぶべきだ。

ハウの記事が公開されるやいなや、多数の有力メディアやブロガーが「クラウドソーシング」という用語を取り上げ、この言葉はたちまちインターネット上のミーム（流行語）となりました。記事公開からわずか1週間で、Google検索で"crowdsourcing"を検索した結果は3件から182,000件にまで増加したと、ハウは自身のブログで述べています[11]。

一方で、ネット上のミームにはありがちなことですが、「クラウドソーシング」の意味するところは曖昧で、この用語はしばしば濫用されることがあります。一部のブロガーの間では、LinuxやWikipediaなど先行する参加型プロジェクトをクラウドソーシングに含めるべきか否か議論が起こりました。さらにはYouTubeやFlickrといったユーザー投稿型のWebサービスをクラウドソーシングの一事例に数える人びとも現れました。そこで情報学や経済学分野の研究者から、「クラウドソーシング」の学術的定義がいくつか提案されています。例えばEstellés-Arolasらは、クラウドソーシングの満たすべき性質として次の8条件をあげました[12]。

1. 「クラウド」にあたる多数の参加者が存在すること
2. 目的が明確に定まったタスクが存在すること

3. 作業者が受け取る報酬が明確であること
4. プロジェクトの運営者（個人や団体）が明確であること
5. プロジェクトの運営者が得る利益が明確であること
6. オンラインで作業を割り当てる参加型プロセスであること
7. 公募によって参加者を集めること
8. インターネットを使用すること

この基準に従えば、ボランティアが運営を担うWikipedia（条件5に反する）や、ユーザーが自由に動画を投稿することができるYouTube（条件2に反する）をクラウドソーシングに分類することは適切とはいえません。

3. 学術領域に広がるクラウドソーシング

2000年代後半には、クラウドソーシングを学術研究や文化学術機関の事業活動に取り入れる試みが次々と現れました。その適用領域は自然科学から人文学まで広範にわたっています。人文学分野では、次のふたつのコミュニティを中心として活発にクラウドソーシングが実施されています。

ひとつめのコミュニティは、美術館（Gallery）、図書館（Library）、文書館（Archive）、博物館（Museum）など、いわゆるGLAMと総称される文化学術機関です。これらの機関はいずれも市民と直接的交流を持つ公的機関であり、インターネットの普及以前から市民との協働プロジェクトを主催してきた歴史を持ちます。またいずれの機関も膨大な人文学資料を抱えており、これらはしばしばクラウドソーシングの対象となります。

ふたつめのコミュニティは、デジタル人文学（Digital Humanities）分野の研究グループです。デジタル人文学分野では人文学研究におけるインターネットの利活用が一個の研究テーマとして確立しており、クラウドソーシングの方法論についても活発に研究がなされています。もっとも、GLAMとデジタル人文学は非常に近い関係にあり、両者を区分することが難しい場合もあります。

表1　文化学術領域のクラウドソーシングの分類（Oomen 2011 より）

クラウドソーシングのタイプ	説明
テキストの校正・翻刻	資料のデジタル化データの校正や翻刻にユーザーの参加を呼びかける
文脈情報の付与	資料に文脈知識を付与する（ストーリーを付与したり、文脈情報を含む記事や wiki ページを執筆したりする）
コレクション補完	（Web 上の）展示やコレクションに共同で資料を追加する
資料分類	コレクション中の資料に関連する記述的メタデータをユーザーが付与する。ソーシャル・タギングが良い例
共同キュレーション	（Web 上の）展示を編成するために、非専門家の発想や知識を活用する
クラウドファンディング	資金やその他のリソースを共同で提供することで、機関の事業を支援する

　クラウドソーシングの対象となる作業の種類はさまざまですが、例えば Oomen らは人文学資料を対象としたクラウドソーシングを、表1にあげる6つのタイプに分類しています[13]。この分類に従って、実際のクラウドソーシングの事例をいくつか紹介しましょう。

3.1. 校正・翻刻

　人文学分野のクラウドソーシングの最も一般的な形態は、Oomen らの分類でいう「校正・翻刻」タイプのプロジェクトです。図書館や博物館が収蔵する活字資料の OCR スキャン結果の校正や、デジタル画像化した手書き文字資料の翻刻（文字起こし）などの作業が、多数の市民との協働のもとオンラインで実施されています。

▶ **Australian Newspapers Digitization Project**[14]

　2008 年に開始したオーストラリア国立図書館による Australian Newspaper Digitization Project（ANDP）は、GLAM 分野で実施された最初期のクラウドソーシング・プロジェクトです。ANDP は同館の運営するオンライン資料データベース Trove のサブプロジェクトとして実施されています。Trove では、19

世紀初頭から20世紀中葉までにオーストラリア国内で刊行された1000以上の新聞がデジタル公開されており、閲覧可能な紙面画像は総計2000万ページに及びます。また、紙面のOCRスキャンによって得られたテキストデータをもとに、新聞記事の全文検索サービスも併せて提供されています。しかし、特に古い時代の新聞は不鮮明な印刷のために、OCRスキャン時に誤認識が頻繁に発生します。そこでTroveは、2008年8月に市民参加を利用した記事の校正システムを導入しました。Troveの利用者は、サイト上の記事閲覧画面でOCRスキャンの誤認識を発見した際に、校正システム上で訂正作業を行うことができます（図1）。2011年の時点で、2600万行の新聞記事がボランティアによって校正されたと報告されています[15]。

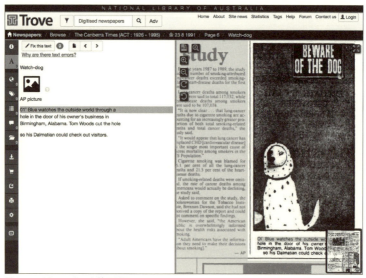

図1　ANDPのテキスト校正画面

▶ Transcribe Bentham [16]

　ユニバーシティー・カレッジ・ロンドン（UCL）が2010年に開始したTranscribe Benthamは、デジタル人文学分野の代表的成果として位置づけられるクラウドソーシング・プロジェクトです。Transcribe Benthamは英国の哲学

者・法学者ジェレミ・ベンサム（1747-1832）の残した6万ページに及ぶ未翻刻の手稿を全文翻刻し、これをもとにベンサム全集の新しい版を刊行することを目的としています。この作業のためにプロジェクトではオンラインで参加するボランティアの協力を募っており、2017年8月時点ですでに18,775ページが翻刻されたと発表されています[17]。翻刻作業はTranscription Deskと呼ばれるWeb上のエディタで完結するように設計されています（図2）。

▶ みんなで翻刻 [18]

京都大学古地震研究会が2017年に開始した、歴史災害資料の市民参加型翻刻プロジェクトです（図3）。東京大学地震研究所が所蔵する和古書を対象にして、翻刻作業への参加を市民に呼びかけています。「みんなで翻刻」上では2018年末までに4,500名以上のユーザーがサイトに登録し、これまでに翻刻された文字数は500万文字を超えています。大阪大学文学研究科が開発した「くずし字学習支援アプリKuLA」と連携しており、くずし字解読を学習しながら災害史料の翻刻に参加できることが特徴です[19]。

3.2. コレクション補完

GLAM機関がオンラインで展示するコレクションやデータベースについて、不足している資料情報の追加を市民に呼びかける「コレクション補完」型のプロジェクトも活発に実施されています。

▶ Wir Waren So Frei [20]

ドイツの映画TV博物館（Deutsche Kinemathek）と連邦政治教育センター（Bundeszentrale für politische Bildung）の連携プロジェクトです。1989年のベルリンの壁崩壊に関する写真や映像資料を収集し、デジタル化することを目的としています。プロジェクトのWebサイトでは、市民から提供を受けてデジタル化された7,000件以上の映像・写真資料が展示されています（図4）。

▶ 寺社・石碑データベース（国立民族学博物館）[21]

2017年11月、国立民族学博物館の日高真吾准教授らのグループによって『津波の記憶を刻む文化遺産 −寺社・石碑データベース−』が公開されまし

図 2　Transcribe Bentham の Transcription Desk

図 3　みんなで翻刻

図 4　Wir Waren So Frai に寄せられた写真

図 5　寺社・石碑データベース

た。このデータベースは地震や津波災害の記憶を伝える、各地の寺社や石碑についての情報を公開するものです（図5）。しかし日本各地に点在する寺社や石碑の情報を、少数の研究者グループが網羅的に把握することは現実的に困難です。そこで同データベースでは災害に関する寺社や石碑についての情報提供を市民に呼びかけています。市民から寄せられた情報は、データベースの拡充に役立てられます。

3.3. 資料分類

すでにデジタル化されオンラインで公開されている資料について、ユーザーが資料を分類するタグなどのメタデータを追加する形態のプロジェクトです。付与されたメタデータは、資料の内容把握や検索性向上に役立てられます。

▶ **Operation War Diary（英国帝国戦争博物館）**[22]

イギリスの帝国戦争博物館（Imperial War Museum）が主催する市民参加型のプロジェクトです。第一次世界大戦に従軍した英国軍兵士によって書かれた150万ページに及ぶ日誌記録について、日時や場所、人名といった重要情報を多数の市民の手によってタグ付けし、検索可能にすることを目的としています。プロジェクトは市民科学のポータルサイトZooniverseでホストされており、すべての作業はWebで完結します（図6）。

3.4. 共同キュレーション

日本ではあまり事例がありませんが、国外の博物館や美術館には展示のコンセプトやデザインに市民のアイデアや知識を取り込む「共同キュレーション」型のプロジェクトに取り組む機関もあります。

▶ **Chicago Authored（シカゴ歴史博物館）**

1856年に創設されたシカゴ歴史博物館は、シカゴの歴史と文化を伝える米国を代表する歴史博物館のひとつです。同館は米国の歴史博物館としてはじめてクラウドソーシングの要素を展示に取り入れたことで知られています。同館は2015年に新展示室の開設を予定していましたが、そのコンセプ

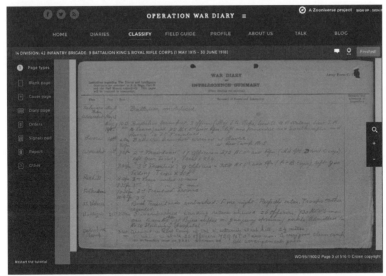

図6　Operation War Diary のタグ付け画面

トを一般公募とオンライン投票によって決定したのです。2013年に始まったこのプロジェクトでは、同館の呼びかけに応じて数千件のコンセプト案が市民から寄せられました。そこから学芸員によって選出された16件の最終候補についてさらに決選投票が実施され、最終的に「文学に描かれたシカゴ（Chicago Authored）」というテーマが選出されました[23]。

3.5. クラウドファンディング

最後にクラウドファンディングの事例を紹介します。クラウドファンディングは、多数の支援者から少額の資金をオンラインで募り、機関や個人が事業や研究に必要な資金を調達する仕組みです。多くのプロジェクトはKickstarter[24]やCAMPFIRE[25]といったWebプラットフォーム上で実施されています。近年の予算縮減によって文化学術機関の多くは定常的な資金難に陥っており、研究や事業活動のための資金調達の方法としてクラウドファンディングを採用する研究者や機関が増えつつあります。国内ではacademist[26]などの学術研究に特化したクラウドファンディング・プラットフォーム

も登場しています。

▶ **正倉院文書複製事業（国立歴史民俗博物館）**

　国立歴史民俗博物館は、日本最古の紙史料群である正倉院文書の複製を35年にわたり制作してきました。しかしながら近年の予算減の影響で、複製事業に充てる資金の確保が難しい状況が続いていました。そこで国立歴史民俗博物館は、2018年1月よりクラウドファンディング・プラットフォームのReadyfor[27]上で正倉院文書複製事業のための支援募集を開始しました。当時の目標金額は350万円でしたが、同年3月末の募集終了までに1,064万円もの支援金が538人の人びとにより寄せられました[28]。

▶ **『新版　緒方洪庵と適塾』刊行事業（大阪大学適塾記念センター）**

　適塾は幕末の蘭学者・緒方洪庵（1810-63）が1838年に大阪に設立した蘭学塾です。1942年に当時の大阪帝国大学に寄贈され、現存する唯一の蘭学塾遺構として国の重要文化財にも指定されています。大阪大学は長年適塾の管理運営にあたってきましたが、開塾180年にあたる2018年にあたって洪庵と適塾の歴史的役割を伝える図録の刊行を企画し、上記のReadyfor上で出版費支援を募集しました。このプロジェクトで大阪大学は募集終了の2018年末までに目標金額の1.5倍にあたる307万円の寄附の獲得に成功しています[29]。

4. 市民との協働手段としての「クラウドソーシング」

　ここまで本稿では文化学術機関の主催するプロジェクトについても「クラウドソーシング」という呼称を使用してきました。しかしこの用法をネガティブに捉える識者もいます。例えば米国議会図書館デジタルコンテンツ管理室の室長Trevor Owensは、この用語の問題を次のように指摘しています。

　　「クラウド（群衆）」という言葉は、いくぶん誤解を招く言葉である。というのも、最も成功したクラウドソーシング・プロジェクトは大規模な匿名の人間の集団によって成し遂げられたものではないからだ。これら

のプロジェクトは、公共社会を形成するメンバーの参画を促すことによって成功したのである。その成功は、公共利益の創成と発展に寄与してきた、長きにわたるボランティア活動と市民参加の伝統の上に築き上げられている。

（中略）

「ソーシング」という用語の問題は、この言葉が労働と深く結びついていることだ。これはWikipediaにある「クラウドソーシング」の定義に端的に示されている。「クラウドソーシングとは、分散した人々のグループに対して、タスクをアウトソーシングすることである」。この定義のキーワードは「アウトソーシング」だ。クラウドソーシングはビジネス世界において発明・定義された概念であり、この用語を文化資料の世界に持ち込む際には、よくよく物事を検討しておく必要がある[30]。

人文学領域の「クラウドソーシング」プロジェクトは、文化学術機関が長年市民との間に育んできた協力関係の延長線上にあり、ビジネスの世界で生まれた「クラウドソーシング」と同一視すべきではないとOwensは主張します。

彼の指摘の通り、ボランティア参加者によって支えられる文化学術領域の「クラウドソーシング」は、企業の営利事業とは性質を異にするものです。自然科学分野の参加型プロジェクトにおいてもクラウドソーシングという呼称は忌避される傾向があり、「市民科学（citizen science）」など市民との連携を強調した用語が使用される傾向にあります。

一方で「クラウドソーシング」という言葉が非常に便利なラベルであり、すでに学術用語として定着していることも事実です。本稿では「クラウドソーシング」の呼称を採用しましたが、用語の扱いをめぐって上記のような議論が存在することには注意を払う必要があります。

5. クラウドソーシングの諸課題

本節では、研究者や文化学術機関がクラウドソーシング型のプロジェクト

を実施するにあたっての実際上の課題をあげます。

5.1. システムの構築と運用

クラウドソーシングを実施するためには、参加者がデータを入力するための何らかの Web システムが必要です。しかしユーザーとのインタラクションが発生する Web システムは、静的コンテンツのみで構成された Web システムと比べて複雑で、構築にかかるコストも高価になる傾向があります。また、大規模なプロジェクトの場合には、参加者間のトラブルなどに対応するスタッフを置く必要もあります。

こうした費用負担を個人の研究者や文化学術機関が引き受けることは容易ではありません。ただしオープンソースのシステムを利用したり、運営者がスタッフを兼務したりすることでコストを低く抑えることは可能です。

5.2. 参加者の動員

クラウドソーシングを成功させるためには、第一の段階としてプロジェクトを多数の人びとに認知してもらう必要があります。成功したクラウドソーシングの多くは、プロジェクト初期の段階でマスメディアに取り上げられ注目を受けていることも事実です。このためプロジェクト実施に十分な数の人びとの参加を得られるか否かは、主催機関の知名度に左右されてしまう傾向があります。

このような外部要因にとらわれず十分な数の参加者を確保するためには、マスメディアのみに頼らず、地域の学習サークルや市民団体に参加を呼びかけるなど、オフラインのつながりを駆使することが効果的かもしれません。例えば文献資料の翻刻プロジェクトであれば、地域で活動する古文書解読サークルなどと連携することも可能です。

5.3. 参加者の動機づけ

仮に多数の人びとをプロジェクトに誘導することに成功したとしても、そこから継続的にプロジェクトに参画する人びとが現れない限りは、大量のデータ収集やタスクの処理は困難です。プラットフォームの訪問者が継続的

にプロジェクトに参画するためには、そのための動機が存在していなければなりません。

　Rogstadiusらは、クラウドソーシング参加者がプロジェクトに参加する動機を、金銭的報酬や社会的地位など具体的な見返りのもとに設定されるものを「外的動機（extrinsic motivation）」、参加者自身の知的関心や社会貢献欲求などに訴えるものを「内的動機（intrinsic motivation）」に区分し、両者が成果物の品質に与える影響を分析しました[31]。金銭報酬などの「外的動機」を与えることの難しい文化学術分野のクラウドソーシングでは、参加者の「内的動機」に訴える何らかの要素をプロジェクトに導入する必要があります。

5.4. 作業の難易度

　文化学術分野のクラウドソーシングでは、作業を遂行するにあたって高い能力や背景知識を必要とするものがあります。特に日本語の歴史資料を対象としたクラウドソーシングでは、資料解読にかかる難易度の高さが参加者の作業の障害となることがあります。アルファベットで書かれた欧米圏の資料とは異なり、くずし字で書かれた前近代の日本語資料の解読は、相当の訓練を積まない限り非常に困難です。

　この課題への対処方法のひとつは、参加者のスキル向上の仕組みを提供することです。前述の「みんなで翻刻」プロジェクトでは、くずし字解読の教育プログラムをシステムに組み込むことでこの課題を解決しています。

5.5. 成果物の品質

　作業の難易度は成果物の品質にも直結します。クラウドソーシングを通じて膨大な資料群の翻刻や分類に成功したとしても、誤刻箇所や誤分類の数が多ければ、その成果物に学術的価値を認めることは難しくなります。しかし多数の非専門家が介在するクラウドソーシングにおいて成果物の品質を担保することは容易ではありません。

　前述のTranscribe Benthamなどの一部プロジェクトでは、専任のスタッフを複数人配置し、成果物のすべてをレビューすることで品質を担保して

います。しかしこの作業は多大な労力と時間を必要とするため、より省コストな方法がいくつか考案されています。例えば資料翻刻プロジェクトのShakespeare's World[32]では、ひとつの資料を複数人が独立に翻刻し、結果が一致した場合にのみ妥当な翻刻文として採用する方式を採用しています。

6. おわりに

　本稿では、まず2000年代にインターネットを駆使した新しい問題解決手法としてクラウドソーシングが登場した背景と、それが文化学術領域の事業に普及した経緯を説明しました。次に、国内外の機関が主催するクラウドソーシングの主要な事例を紹介し、文化学術領域において「クラウドソーシング」の用語の是非をめぐる議論についても紹介しました。最後に、文化学術機関がクラウドソーシングを実施するにあたっての実際上の課題を5点あげました。

　人文学の長い伝統の中で、クラウドソーシングはここ十数年の間に登場した歴史の浅い新規手法です。残念ながら日本国内の文化学術機関ではクラウドソーシングはほとんど浸透していません。しかしながら日本国外に目を向けると、大規模な資料翻刻やタグ付け、資金調達など、少数の研究者グループの手では実現が困難であった数々の成果が、クラウドソーシングを通じて生み出されています。加えてクラウドソーシングは、場所的制約を超えて文化学術機関が市民と協働する手段としても位置づけることができます。市民との協働は、社会にとって「開かれた」人文学の実現にも貢献するはずです。歴史学を含む日本国内の人文学諸分野においても、クラウドソーシングの可能性と課題について本格的に議論を進める時期に来ていると考えるべきでしょう。

――注（Webページはいずれも 2018-12-1 参照）

[01]　Wikipedia, https://www.wikipedia.org/.
[02]　Nupediaは2003年9月に閉鎖された。Nupediaという名称は、リチャード・ストールマンの

GNUプロジェクトに影響されたものだといわれる。

[03] Larry Sanger. The early history of Nupedia and Wikipedia: A memoir. In *Open Sources 2.0: The Continuing Evolution*, pp. 307–338. "O'Reilly Media, Inc.", October 2005.
[04] Yochai Benkler. The wealth of networks: How social production transforms markets and freedom. *Yale University Press*, 2006.
[05] SETI@home, http://setiathome.ssl.berkeley.edu/.
[06] Project Gutenberg, https://www.gutenberg.org/.
[07] OpenStreetMap, https://www.openstreetmap.org/.
[08] InnoCentive, https://www.innocentive.com/.
[09] Amazon Mechanical Turk, https://www.mturk.com/.
[10] Jeff Howe, The Rise of Crowdsourcing, https://www.wired.com/2006/06/crowds/, June 2006.
[11] Jeff Howe, Crowdsourcing: Birth of a meme. http://www.crowdsourcing.com/cs/2006/05/birth_of_a_meme.html, May 2006.
[12] Enrique Estellés-Arolas and Fernando González-Ladrón-De-Guevara. Towards an Integrated Crowdsourcing Definition. *Journal of Information Science*, Vol. 38, No. 2, pp. 189–200, April 2012.
[13] Johan Oomen and Lora Aroyo. "Crowdsourcing in the cultural heritage domain: opportunities and challenges." *Proceedings of the 5th International Conference on Communities and Technologies*, pp.138-149, 2011.
[14] Australian Newspapers Digitization Project, https://www.nla.gov.au/content/newspaper-digitisation-program/.
[15] Rose Holley, Crowdsourcing: How and Why Should Libraries Do It?, *D-Lib Magazine*, Vol. 16, No. 3/4, March 2010.
[16] Transcribe Bentham, http://blogs.ucl.ac.uk/transcribe-bentham/.
[17] Transcribe Bentham 運営チームのブログ記事より、http://blogs.ucl.ac.uk/transcribe-bentham/2017/08/21/transcription-update-22-july-to-18-august-2017/.
[18] みんなで翻刻, https://honkoku.org/.
[19] 橋本雄太「市民参加型史料研究のためのデジタル人文学基盤の構築」、博士論文、2018年7月、京都大学文学研究科. DOI: https://doi.org/10.14989/doctor.r13199.
[20] Wir Waren So Frei. https://www.wir-waren-so-frei.de/.
[21] 津波の記憶を刻む文化遺産－寺社・石碑データベース－, http://sekihi.minpaku.ac.jp/.
[22] Operation War Diary, https://www.operationwardiary.org/.
[23] Chicago Authored, http://chicagoauthored.com/.
[24] Kickstarter, https://www.kickstarter.com.
[25] CAMPFIRE, https://camp-fire.jp/.
[26] academist, https://academist-cf.com/.
[27] Readyfor, https://readyfor.jp/.
[28] 国立歴史民俗博物館「正倉院文書」複製製作プロジェクト, https://www.rekihaku.ac.jp/others/news/crowdfunding/index.html.
[29] 適塾 緒方洪庵と門人たち, https://readyfor.jp/projects/handai-tekijuku.
[30] Trevor Owens. Digital Cultural Heritage and the Crowd. Curator: *The Museum Journal*, Vol. 56, No. 1, pp. 121–130, January 2013. 翻訳は筆者による。

[31] JakobRogstadius, et al. An Assessment of Intrinsic and Extrinsic Motivation on Task Performance in Crowdsourcing Markets. *In Proc. ICWSM'11*, January 2011.
[32] Shakespeare's World, https://www.shakespearesworld.org/.

chapter

6

歴史データはどのように使うのか
－災害時の歴史文化資料と情報－

天野真志（国立歴史民俗博物館）

1. 災害と歴史文化資料

　全国各地で頻発する自然災害が深刻化する中、地域に伝わる歴史文化資料の災害対策が大きな課題となっています。一般に文化財と呼ばれることもありますが、歴史的・文化的意義のあるモノは、国宝や重要文化財など、国や自治体の指定制度に基づき管理される文化財だけではありません。地域や人びとの歴史や文化を現在に伝える膨大な歴史文化資料は、日本列島各地に伝来しており、その多くが公的な保護を受けることなく所蔵者や関係者の努力によって維持されているのが現状です。

　近年、これらの歴史文化資料も日本社会の歴史や文化を象徴する重要なモノであるという認識が広く共有されるようになってきました。きっかけは1995年の阪神・淡路大震災や2011年の東日本大震災など大規模な自然災害の経験でした。被災地で倒壊した家屋の解体やがれきの撤去などが進む一方で、地域に伝わる歴史的・文化的なモノも人知れず失われるという危機に直面し、地域の歴史文化を次世代に伝える取り組みが各地で立ち上がりました。こうした取り組みでは、地域に伝来するさまざまなモノに歴史文化的意義を

見出だし、歴史文化資料として保存・継承することが目指され、その重要な課題として歴史文化資料の災害対策が掲げられています[01]。

歴史文化資料の災害対策では、まず大前提として守るべき資料の所在を把握することが求められます。とりわけ東日本大震災のあと、地域の歴史文化資料を災害から守るために、危機管理対策として資料の所在把握が重要であることがしきりに唱えられるようになりました。例えば、当時文化財保存修復学会理事長であった三輪嘉六は、危機管理対策として日本列島全域に及ぶ悉皆的な所在情報調査の必要性を指摘しています[02]。しかし、古文書だけでも20億点を超えるであろうといわれる日本社会において[03]、あらゆる歴史文化資料を悉皆的に把握することができるのでしょうか。

地域をくまなく調査して、あらゆる歴史文化資料の災害対策を試みることは、一見して不可能にも思えます。しかし、これまでの地域調査記録など、過去のさまざまな蓄積をデータ化していくことで、解決の糸口が見えてくるかもしれません。どのようなデータを活用すれば歴史文化の災害対策に有効なのか。いくつかの事例を踏まえながら考えていきましょう。

2. 歴史データを活用した災害対策
2.1. イタリアにおける文化財の災害対策

まず、日本列島と類似する条件を備える事例として、イタリアの取り組みから見てみましょう。イタリアは、日本と同様全国各地に歴史的な建造物や文化財を膨大に抱え、かつ地震などの自然災害を多く経験していますが、それらの危機に備えたイタリア全土を及ぶ危機管理体制を敷いています。

イタリアの特徴は、"Carta del Rischio"と呼ばれる文化財危険地図システムを構築していることです。このシステムは、イタリアの国立保存修復高等研究所（Istituto Superiore per la Conservazione ed il Restauro, ISCR）が運営するもので、イタリア国内に存在する文化財に対し、災害などで生じ得る危険性を判断するものとして1990年に作られました[04]。

"Carta del Rischio"は、イタリア全土に存在するさまざまな文化財をマッピングし、それらが置かれる環境を踏まえて被災などのリスクを判定します。同時に、経年などにともなう劣化や破損のリスクについても脆弱性という観点から管理し、文化財が何らかの危機を迎える状態になると、専門家を派遣して危機を回避するという対策がとられています。

　このシステムを構築・運営するに際して、イタリアでは主に3つの組織が密に連携しています。ひとつは日本の文化庁に相当する、文化行政を主管する国の行政組織ですが、それとともに、イタリア国内における文化財の網羅的な目録化を担うイタリア中央カタログ研究所（Istituto Centrale per il Catalogo e la Documentazione, ICCD）と、文化財の危険度を調査してシステムに反映させていくISCRが大きな役割を果たしています。イタリアでは、守るべき文化財が詳細に目録化されて統一のIDが付与されているだけでなく、その目録と連動させた保存・管理体制が文化行政の重要な業務として確立しています。いわば、歴史文化の危機管理体制が多様な文化財情報を連結させることで、各種の専門家による複合的な管理システムとして確立されています。イタリア共和国憲法の第9条では、イタリア全土の景観および歴史的・芸術的遺産の保護がうたわれています。この理念を実現するために、イタリアでは歴史文化に関わるあらゆる専門家が結集し、文化財情報を活用した文化財の管理体制として、文化財危険地図という壮大なシステムを構築しています。

2.2. 日本における文化財の災害対策

　一方、日本においても文化財や歴史資料に関する多様な情報が存在しますが、イタリアのようにあらゆる情報を包括するようなシステムを構築するには至っておりません。日本の場合、把握されていない膨大な歴史文化資料が個人宅などに伝来しています。

　一般に、日本列島に伝わる歴史文化資料は、それらが生成・利用された地域と密接な関わりを持ちながら残されてきました。全国の博物館や文書館な

どにも膨大な資料が所蔵されていますが、現在に至るまで、日本列島各地には資料を代々受け継いできた個人宅や周辺地域に大多数が伝来しています。

こうした地域に所在する資料の保存運動は、いくつかの段階で試みられてきました。例えば、古文書を主対象とした資料保存運動です。戦後の混乱状況に起因する古文書散逸の危機に対処するため、1951年の文部省史料館開設を皮切りに、国家事業として古文書資料の保存対策がとられました[05]。また、1960年代には「日本史資料センター」と呼ばれる構想も提起されました。この構想は、日本列島に伝来するすべての古文書やそれに関する情報を、特定の機関に集約して保存・管理するというものでしたが、これに対して、日本史研究者を中心に大きな反対運動が沸き起こりました[06]。これらの運動が物語るのは、日本社会における資料保存では、資料を危機的な状況から回避するだけでなく、資料が生成・伝来した地域の中に存在し、対象となる地域と関わりを持ち続けることをひとつの理想としていることです。

近年の特徴的な取り組みとして「資料ネット」活動があります。「資料ネット」とは、1995年の阪神・淡路大震災を契機に全国各地へ広がったボランティア団体で、現在までに25団体が組織されてきました。全国の「資料ネット」活動は、歴史文化研究に関わる専門家が中心となりつつ、対象地域の市民と密接な関係を構築することに共通点があり、その多くが大学に拠点を置いています[07]。

「資料ネット」活動では、災害時に滅失の危機に瀕する地域の歴史文化資料を救済・保存し、継承に向けた取り組みを検討することを目的としていますが、災害に備えた防災対策として、所在情報を調査する活動も行われています。

例えば、宮城歴史資料保全ネットワーク（以下、宮城資料ネット）は、2003年7月に発生した宮城県北部地震を契機に発足しました。宮城資料ネットでは、このときの経験を踏まえ、事前に資料の所在情報を把握して災害に備える取り組みを進めていきました[08]。具体的には、各地域で編纂された自治

体史など、かつての地域調査記録を網羅的にデータ化し、そこに記された所在情報から現在の所在情報を追跡調査していきました[09]。

また、自治体を中心とした所在調査活動を展開しています。和歌山県では、1997年より和歌山県立文書館が個人宅などに伝来する資料の所在状況調査を実施し、その後県の教育庁文化遺産課や県立博物館も県内各地の文化財調査を進めています。和歌山県の総合的な取り組みも、災害に備えて救済すべき資料の所在情報を把握することを目的としています[10]。

このように、災害に対する危機意識から地域に伝わる歴史文化資料を把握しようとする試みは各地で進められています。

3. 災害対策に求められる情報とは
3.1. 資料情報把握に向けた課題

日本列島各地に伝来する歴史文化資料の多くは、地域社会と密接な関わりの中で伝来しています。「資料ネット」活動に象徴されるように、日本における資料保存活動は、資料を安全な場所に移して保存するよりも、資料が生成もしくは伝来した場所で保存・継承することを目指しており、災害時に資料が失われないようにさまざまな方策が模索されています。

日本における資料保存では、各地に点在する膨大な資料を把握するためのデータ集積がひとつの課題となっています。さらに、それらのデータをもとにした災害対策の必要性は、多く提起されてきました。では、こうして蓄積されたデータをどのようにして活用すれば、災害対策に役立つのでしょうか。ここで再び、イタリアの取り組みと比較しながら見ていきましょう。

イタリアの事例で特徴的なのは対象とする資料の管理体制です。イタリアの場合、そもそもの目的は災害対策に限定されず、破損や盗難、劣化などを含む多様な危機を回避することにあります。その管理は、文化財に関するさまざまな専門家による診断記録に基づき遂行されています。ここでは、全国に及ぶ網羅的な資料の所在情報に、資料の状態や所有者情報、移動歴や所在

地のハザードに至るさまざまな情報が関連付けられており、それを地図上でリアルタイムに観測することが可能となっています。

イタリアでこのように包括的な体制が構築できるひとつの要因は、さまざまな専門家同士の連携がとられていることです。資料の歴史的・美術的な価値の判定、資料の修復、素材の分析、さらにそれらの情報を集約する専門家が情報を共有し、資料の危機を未然に防ぐ体制をとることが、イタリアの体制では徹底されています。いわば、専門家同士の相互理解がこうしたシステムを底流で支えているといえます。

もうひとつの要因は、それぞれの資料に対する管理のあり方です。イタリアでは、守るべき資料それぞれにIDが付与され、統一的に管理されます。それは個人所蔵であっても例外ではなく、一定の条件を満たしたものは、文化財として国の管理下に置かれるといいます。すなわち、個人所有物であっても保護を目的とした規制がかけられ、所有者も容易には移動や売買ができない仕組みとなっています。

こうした事例を見ていると、資料の保護を目的とする場合、あらゆる危機を想定した専門家の連携体制と国などによる保障政策、さらに資料の厳密な管理体制が重要な要素としてあげられます。イタリアの文化財マップは、こうした政策を前提として成り立っていることがわかります。

一方、日本ではこうした課題がどの程度克服されているのでしょうか。各地域に所在する個人資料を対象とした場合、日本で蓄積されているデータは、主に資料の画像データと調査記録を含む資料の所在情報です。これらは主に、歴史文化研究を目的としたフィールド・ワークの過程で、研究者によって蓄積されてきました。そのため、多くのものが必ずしも資料の保存・継承を第一義的な目的として集積したものでないため、データの記録や目録情報に差が生じています。この点は、自治体史編纂の過程で調査されたデータにも共通することで、二次利用を目的とされていないデータといえます。

もうひとつは、「資料ネット」活動など、災害対策として近年集積された

調査データです。これらは地域を調査してどのお宅にどのような資料が伝来しているかを把握しています。しかし、個人所有物として存在する資料情報をどの程度共有することが可能なのかについては、多くの検討を要します。さらに、イタリアのような資料に対する規制がない中では、いったん把握したとしてもその後所在が不明になってしまう危険性があります。和歌山県の場合でも、2005年までに実施した古文書調査において、953件の文書群が確認されています。そのうち30年前における調査で確認した文書群は558件であり、当時把握した文書群のうち、およそ三分の一が所在不明となっていたようです[11]。せっかく調査して存在を確認した資料も、時が経てば再び所在がわからなくなり、一度きりの調査データでは災害対策に活かすことが困難であることを、和歌山の事例は示しています。

　日本の場合、資料の保存・管理は多くが所蔵者に委ねられており、世代交代や移転などがあると途端に所在がわからなくなってしまいます。かつて沸き起こった「日本史資料センター」構想などは、ある意味こうした危機に対応するために提案された資料管理策であったともいえますが、地域社会と資料が分断されることへの危惧から頓挫しました。しかし現在、日本列島は大規模災害にともなう社会変動に直面しています。特に、東日本大震災に象徴されるように、津波などの甚大な被害で地域が消滅してしまうかもしれない危機にも瀕しています。これまでの歴史的経過を踏まえながら、日本社会に即したかたちで資料を把握し、危機から救うための方策が求められています。

3.2. 災害対策に活用できるデータとなるには
建築物を対象とした活用と課題

　歴史データを活用した災害対策としては、建築物や景観などの不動産を対象とした取り組みが注目されます。二神葉子・隈元崇は、国宝・重要文化財を対象として、文化財の地理情報と活断層の地理情報データを連携させ、地震にともなう文化財の網羅的なリスク評価を検討しています[12]。また、

全国を網羅した「歴史的建築総目録データベース」[13]を実際の地震被害調査に活用した事例も確認できます。永井康雄らは、2008年6月に岩手・宮城内陸地震が発生した際、このデータベースを用いて被害状況を調査し、被災建築物の復旧を試みています[14]。

　2011年の東日本大震災時には、立命館大学歴史都市防災研究所が「国指定文化財等データベース」[15]を活用して、16,247件に及ぶ建築物および景観の被害状況を把握する文化財被災地図を作成・公開しました[16]。この被災地図は、文化庁が公開する指定文化財データベースと被災情報を連結させることで、文化財被害を視覚的に把握する効果がありました。このシステムを作成した中谷友樹は、東日本大震災の文化財被災地図をモデルケースに、発生が危惧される南海トラフ地震などの大規模災害への対策として、予測される震度分布と文化財の所在情報を連結させ、被災リスク評価と連動した文化財データベースの可能性を展望しています[17]。確かに被災リスクを踏まえた所在情報の把握は、災害対策を検討する際に重要な情報となります。また、災害発生後、現地への救済活動を進めるにあたり、被害予測に基づく優先順位の策定は、緊急時対応としても有効な手段となり得るものです。

　一方で中谷は、被災地図の作成時に直面した課題として、公開される文化財情報に統一的な規格が存在しないこと、識別コード（ID）の欠如や文化財名の表記ゆれなどによる、データベースへの結合時における問題点をあげています。さらに、居住地となっている建築物も多く存在することから、文化財の保有者・管理者情報の公表範囲や時期などについては慎重に考慮する必要性があることも指摘します。

　資料データの統一性に関しては、それぞれの情報を作成する側の合意形成が重要となります。いわば歴史や建築、情報に関する専門家間での情報共有と共通言語の設定という、専門家同士の議論によって解決すべき課題であると思います。

　これに対して後者は、資料保存の推進主体に関わる問題です。換言すれば、

仮に共通のデータが作成され、被害予測や被害状況と連結された網羅的な所在情報地図が構築されたとして、その情報を誰が災害対策や資料保存の基盤として活用するかが重要な課題です。

建築物や景観など、いわゆる不動産文化財は、所在情報の把握が容易ですので、災害対策への活用に向けたデータ構築がさまざまな角度から進められ、一部では実用例も紹介されています。こうした状況を踏まえ、動産の多様な歴史文化資料に対しても応用することができるかどうかが問われています。

4. 歴史文化資料を対象としたデータ活用は可能なのか

最後に、災害時を想定した歴史データの活用に関する展望を示しておきます。現在蓄積されている歴史データで、地図情報や災害情報と連結させやすいものは建築物などの不動産と国宝・重要文化財などの指定文化財情報です。これらはすでに地図情報とリンクさせた詳細なデータが作成され、活用段階にあることは本章で見てきた通りです。一方、近年その重要性・緊急性が注目されている未指定の民間所在歴史文化資料については、地域単位で取り組まれていることから、資料情報の統一化や網羅的なデータ構築が極めて困難であること、資料の移動が容易に可能であり、地図情報との連結に精密な効果が見出だしづらいという問題を検討しなければなりません。

これらの問題に対しては、まず既存の多様なデータをゆるやかに連結させていく方法が考えられます。現在多くの歴史データは、建築物や美術品といった資料の種類や、文化財指定・登録の有無といった対象物の性格などを軸に整理されています。分類基準としては重要ですが、あらゆるものが破壊されてしまう災害を想定した場合、対象となる地域を包括するデータが求められます。そのためには、歴史文化資料に関するデータを蓄積する諸分野間でデータを連結させるための役割が必要です。例えば、伝統的な建築物の中には、古文書や美術品が収蔵されていることが予想されますし、資料の修復履歴などには対応した資料に関する情報も記録されているでしょう。各分野

津波により多様なモノが被災する家屋（2011年5月8日、宮城県石巻市）

の調査・研究に関するデータを連結させることが可能になると、特定の専門分野でしか認知されてこなかった資料情報が共有され、資料に対する複合的なアプローチが見込まれます。さらに、こうしたデータの共有は、同じ地域を対象とする専門家間の日常的な連携を促し、災害時において分野を横断した緊急対応を進めることも期待できます。ただし、その際に求められるものは、現地での救出作業に際して必要な資料情報だけでは十分ではありません。救出した資料を一時的に保管する場所の確保や、そこで集積した資料を取り扱う専門家への呼びかけ、資料管理に関する所蔵者との手続きなど、資料と資料保存を取り巻く関係者間の連携や整備を進めることによってはじめて活用できるデータとなります。

　われわれが生活する社会は実に多様で可変的です。時間の経過とともに歴史や文化の捉え方は変化していきますし、価値観の変容とともに歴史文化を象徴する資料の範疇も増大していきます。資料保存はそうした文化の変容に対応するかたちで常に進展していきますが、頻発する災害や社会変容に影響され、近年その対応は激しく動揺しています。特に地域に遺された資料の保存に際しては、これまでのように個別的な営為努力に依存するのではなく、資料を取り巻く地域的な連携、さらには資料に関わる専門分野の横断的な連携が不可欠になります。イタリアの取り組みとして紹介した"Carta del Rischio"も、単に資料の所在情報だけを管理するシステムではなく、システ

ムを構築する過程で歴史文化に関わるあらゆる専門家の協議に基づいた認識の共有と厳密な役割分担のもとに成り立っています。こうした先行的な取り組みに学びつつ、日本においても、災害対策として求められる行動と連携のあり方について幅広く議論し、おのおのが保有するデータを共有・連結させていくための模索を進めていく段階にあるのではないでしょうか。

───注（Web ページはいずれも 2018-10-10 参照）

［01］ 2015 年 2 月 15 日「「地域歴史遺産」の保全・継承に向けての神戸宣言」、http://siryo-net.jp/info/201502-kobe-declaration/.

［02］ 三輪嘉六「阪神・淡路大震災から東日本大震災」、文化財保存修復学会編『文化財の保存と修復 14　災害から文化財をまもる』クバプロ、2012 年。

［03］ 奥村弘「なぜ地域歴史資料学を提起するのか」、同編『歴史文化を大災害から守る』東京大学出版会、2014 年、17 頁。

［04］ カルロ・カカーチェ「イタリアにおける文化財危険地図システムの構築と運用について－システムの活用－」、奥村弘・内田俊秀・天野真志編『文化財防災体制についての国際比較研究報告書』科学研究費補助金基盤研究（S）「災害文化形成を担う地域歴史資料学の確立－東日本大震災を踏まえて」研究グループ（研究代表者・奥村弘：課題番号 26220403）、2016 年、69 頁。

［05］ 全国歴史資料保存利用機関連絡会議編『日本の文書館運動－全史料協の 20 年－』（岩田書院、1996 年）、大友一雄「民間所在の記録史料と戦後の「国立史料館」構想」（国文学研究資料館編『社会変容と民間アーカイブズ』勉誠出版、2017 年）。

［06］ 木村礎「日本史資料保存・利用問題－「いわゆる日本史資料センター」問題－について」（『木村礎著作集 10　資料の調査と保存』名著出版、1997 年、初出は『地方史研究』76、1965 年）、津田秀夫「国立史料センター問題に関する若干の所見」（同『資料保存と歴史学』三省堂、1992 年、初出は『歴史学研究』300、1965 年）、林英夫「公文書館法の成立と「史料保存」運動」（『地方史研究』216、1988 年）など。

［07］ 奥村弘「地域歴史文化拠点としての大学の重要性」、『歴史学研究』955、2017 年。

［08］ 平川新「「災害「後」の資料保全から災害「前」の防災対策へ」、『歴史評論』666、2005 年。

［09］ 伊藤大介・椿井達也・吉川圭太「宮城資料ネットの活動と成果－歴史資料所在調査における諸技術について」、『歴史』107、2006 年。

［10］ 前田正明「和歌山県における津波被害想定地域を対象とした文化遺産所在確認調査について」（前掲 4 所収）。

［11］ 前掲 10、前田論文、34 頁。

［12］ 二神葉子・隈元崇「活断層に起因する国宝文化財の地震危険度評価－国宝文化財所在地データベースの構築と活断層データベースとの連携」、『考古学と自然科学』44、2002 年。

［13］ 「歴史的建築総目録データベース」（https://glohb-aij.eng.hokudai.ac.jp/）とは、一般社団法人日本建築学会が作成したもので、国や地方公共団体から文化財指定もしくは登録を受けた建築物、および指定・登録文化財ではないものの、築 50 年を目安として歴史的価値が高いと判

断された建築物などを集積したものである。

［14］永井康雄・月舘敏栄・角哲・崎山俊雄「歴史的建築総目録データベースを用いた地震被害調査－2008年6月14日岩手・宮城内陸地震を例に－」、『歴史都市防災論文集』3、2009年。
［15］https://kunishitei.bunka.go.jp/bsys/index_pc.asp.
［16］http://www.r-dmuch.jp/jp/project/c_heritage.html.
［17］中谷友樹「地理情報システムによる東日本大震災の文化財被災地図－震災による文化財被災リスク分布の把握に向けて－」、吉越昭久編『災害の地理学』文理閣、2014年。

──── 参考文献

» 奥村弘『大震災と歴史資料保存』吉川弘文館、2012年。
» 奥村弘編『歴史文化を大災害から守る』東京大学出版会、2014年。
» 奥村弘・内田俊秀・天野真志編『文化財防災体制についての国際比較研究報告書』科学研究費補助金基盤研究（S）「災害文化形成を担う地域歴史資料学の確立－東日本大震災を踏まえて」研究グループ（研究代表者・奥村弘：課題番号 26220403）、2016年。
» 東京文化財研究所国際文化財保存修復協力センター編『ヨーロッパ諸国の文化財保護制度と活用事例［イタリア編］ イタリアの文化財保護制度の現在』独立行政法人文化財研究所東京文化財研究所国際文化財保存修復協力センター、2006年。
» 文化財保存修復学会編『文化財の保存と修復14 災害から文化財をまもる』クバプロ、2012年。
» 吉越昭久編『災害の地理学』文理閣、2014年。

column.2 歴史データにおける時空間情報の活用

関野 樹（国際日本文化研究センター）

1. 歴史データのための空間情報基盤

　Google Maps のような Web ブラウザで手軽に扱える地図アプリの普及により、研究者のみならず、社会一般でも空間情報が身近なものとなっています。さらに、距離や標高、面積などの空間情報に基づく高度な解析を行うための本格的な地理情報システム（Geographic Information System（GIS）例：ArcGIS[01]や QGIS[02]など）も、さまざまな研究分野で活用が進んでいます。ところが、これらは現代の情報を扱うことを前提としているため、歴史データを地図アプリや GIS で扱おうとすると、相応の工夫が必要となります。

　地図アプリも含め、GIS で扱われる情報は、場所を緯度経度で表すことが前提です。現代であれば、カメラなどのさまざまな機器に GPS（Global Positioning System）が内蔵され、そこから緯度経度を直接得ることができます。また、住所を緯度経度に変換するための地理参照サービスが民間や研究機関から提供されています。

　一方、歴史データで場所の手掛かりとなるのは主に地名ですが、それらの緯度経度を得るのは容易ではありません。村や字などの地名は統廃合などにより、頻繁になくなったり変わったりします。社寺、城、橋、道といった建物や人工物も場所を特定する手掛かりになりますが、これらも場所や名称が変わります。山や島などの自然地形は、名称こそ変わるものの、場所が変わることはありません。ただし、川や池は、治水や用水のためにしばしば場所

も変わります。歴史データにおいて地名は場所を特定する重要な手掛かりではありますが、それらが実際にどの場所を指すのかは、当時の史料などを使って確認する必要があります。

　こうした、歴史データでの地名の扱いを解決する取り組みとして、歴史地名辞書の構築が行われています。2018年3月に人間文化研究機構から公開された歴史地名辞書[03]では、大日本地名辞書（吉田東伍編纂、1900年刊行）や、陸軍陸地測量部（国土交通省 国土地理院の前身）が明治から昭和初期にかけて発行した5万分の1地形図などが当時の地名とその場所を特定するための資料として用いられました[04]。結果として、約30万件の近代（明治・大正）の地名が収録されました。これらには、明治期まで残っていた江戸末期の地名も含まれていると考えられます。適用可能な時代こそ限られているものの、歴史データをGISで可視化したり解析したりするには欠かせない基盤データです。

　発掘調査や文化財情報のデータも、場所の特定に利用することができます。遺跡などが存在する土地で土木工事が行われる際には、埋蔵文化財の発掘調査が行われ、それぞれ報告書が作成されています。また、学術的な目的で行われた発掘調査や文化財に関する調査も多数行われており、それぞれ報告書がまとめられています。これらの報告には正確な位置情報が含まれているため、うまく活用すれば、手元の歴史データの場所を特定する手掛かりになるかもしれません。もちろん、これらの報告書には空間情報以外にも有用なデータが含まれています。こうした報告書をデータベース化して活用する取り組みが奈良文化財研究所などで行われており[05]、今後の利用拡大が期待されます。

2. 空間情報を用いた歴史研究

　歴史データを扱うための基盤構築が進む一方で、歴史データを用いたさまざまな研究も展開されています。空間情報を含む歴史データといえば、まず、

古地図や絵図が思い浮かぶかもしれません。絵図には、その当時に重要だったり注目されていたりする土地や建物が大きく書かれる傾向があります。これらの絵図と現代の地図と比較し、実際の面積との違いから、その当時何が注目されていたのかを知る手掛かりとする研究がなされています[06]。これには、京都の街並みや行事などを描いた洛中洛外図屏風を使った研究などもあります[07]。

　歴史データを使って当時の景観や地域社会を再現する研究も盛んです。古写真を使った研究では、撮影された場所や方角をその時代の地図上で特定し、当時の景観を復元した研究があります[08]。こうした古写真を使った研究を支援するため、古写真と現在の景観をタブレット端末上で直接照合するアプリの開発も行われています[09]。また、当時の城下町の様子[10]や都市形成の過程[11]を再現する研究、過去の人口の分布や移動を再現する研究でも、空間情報は欠かせないものとなっています。さらに災害の状況を復元する研究、例えば、津波や洪水による浸水域を、古記録、発掘データ、地形図を使って再現した研究が多数行われています。これらは、単なる学術研究としてだけではなく、防災という点から現代のわれわれの生活に大きな意義を持つものとなっています。

3. 歴史データのための時間情報基盤

　空間情報と同様に、歴史データを扱う上では時間情報も重要です。時間情報では西暦が時間軸上の共通の座標として用いられます。一方、国内の歴史データでは、時間は和暦で示されています。これらを西暦に変換するためには、対応表やWeb上の変換サービスなどが利用可能できます（HuTime暦変換サービス[12]など）。ただし、少々注意を要するのが「西暦」の定義です。西暦と称しているものには閏年の置き方が異なるグレゴリオ暦（400年間で97回の閏年）とユリウス暦（400年間で100回の閏年）があり、現代ではグレゴリオ暦が標準となっています。グレゴリオ暦が使われ始めたのは、1582年10

月15日からですが、ユリウス暦から一斉にグレゴリオ暦に切り替わったわけではなく、その時期は国により異なります。また、実際にグレゴリオ暦が使われる以前にさかのぼってグレゴリオ暦を適用する時間表現の方法（先発グレゴリオ暦）もあります。16世紀以前の日付を変換する際には、どの「西暦」に変換するのかを統一しておかないと、前後関係に矛盾が生じる場合があります。

　時間の前後関係は因果関係の傍証となることもあり、歴史データで時間情報を使った研究事例は枚挙のいとまもありません。近年は、従来の歴史研究だけでなく、地質学、地球化学、生物学などの自然科学系の分野と連携することにより、古地震や古気候の研究も盛んに行われるようになっています。これらの研究の進展には、分析技術などの発達により、自然科学系のデータの時間解像度が古記録などの歴史データと対応できるようになってきたことも大きく寄与しています[13]。一方で、こうしたさまざま分野のデータを時間に基づいて解析する技術が一般化されておらず、空間情報におけるGISのような仕組みが時間情報ではありません。このため、時間情報の可視化や解析を行うための統合的な環境の開発を目指した研究（時間情報システムHuTime[14]など）が進められています。

　ここまで述べてきたように、歴史データでは、空間情報でも時間情報でも、現代のデータとは精度や情報量の点で大きな違いがあります。このため、現代のデータを処理することを前提に作られたGISなどの解析環境がそのまま使えるとは限りません。地図上にデータを表示するだけでも膨大な手間が必要となることもあります。それゆえ、「歴史データを使って何を明らかにしたいのか」を明確することが重要です。その上で、目的やデータの特性に応じた可視化や解析の方法を工夫することが、歴史データを使った研究では必要となります。

──── 注（Web ページはいずれも 2018-10-8 参照）

[01] Esri ジャパン，"ArcGIS"，https://www.esrij.com/products/arcgis/.
[02] QGIS プロジェクト，"QGIS プロジェクトへようこそ！"，https://www.qgis.org/ja/site/.
[03] 人間文化研究機構，"歴史地名データ"，https://www.nihu.jp/ja/publication/source_map.
[04] 関野樹・原正一郎「デジタル歴史地名辞書の公開とその活用」，『研究報告人文科学とコンピュータ（CH）』2018-CH-118(9)、2018 年 8 月、1-4 頁．
[05] 奈良文化財研究所，"データベース"，https://www.nabunken.go.jp/research/database.html.
[06] 塚本章宏「近世京都の刊行都市図に描かれた空間」、HGIS 研究協議会編『歴史 GIS の地平』、2012 年 3 月、121-130 頁．
[07] 塚本章宏「GIS を用いた歴博甲本洛中洛外図屏風に描かれた空間の定量的分析」、『情報処理学会研究報告人文科学とコンピュータ（CH）』2008(47(2008-CH-078))、2008 年 5 月、53-60 頁．
[08] 西村陽子・北本朝展「『乾隆京城全図』と古写真を用いた北京古景観の再現」、HGIS 研究協議会編『歴史 GIS の地平』、2012 年 3 月、95-107 頁．
[09] 北本朝展・西村陽子「Digital Criticism Platform: エビデンスベースの解釈を支援するデジタル史料批判プラットフォーム」、『人文科学とコンピュータシンポジウム論文集：じんもんこん 2015』2015 年 12 月、211-218 頁．
[10] 平井松午「洲本城下絵図の GIS 分析」、HGIS 研究協議会編『歴史 GIS の地平』、2012 年 3 月、109-120 頁．
[11] 柴山守「ハノイ都市形成過程：GIS-4D 分析」、HGIS 研究協議会編『歴史 GIS の地平』、2012 年 3 月、177-188 頁．
[12] 関野樹，"HuTime 暦変換サービス"，http://www.hutime.jp/basicdata/calendar/form.html.
[13] 中塚武「高分解能古気候データを用いた新しい歴史学研究の可能性」、『日本史研究』646、2016 年 6 月、3-18 頁．
[14] 関野樹，"時間情報システム HuTime"，http://www.hutime.jp/.

chapter 7

歴史データはどのように使うのか
― 博物館展示とデジタルデータ ―

鈴木卓治（国立歴史民俗博物館）

1. はじめに

　資料を保管し、専門家または一般の方に供覧する施設としては、博物館のほか、美術館、図書館、資料館、文書館など[01]さまざまありますが、「博物館」といわれたら、「展示」を連想しない方はまずおられないのではないでしょうか。

　本章では、国立歴史民俗博物館（歴博）の展示で活用されているデジタルデータならびにそれをもとにしたデジタルコンテンツの事例をいくつかご紹介することで、博物館とデジタルデータについて考えてみたいと思います。博物館展示に関する考え方や手法は、その博物館が取り扱う学問分野や対象によって大きく異なりますので、ここでご紹介するのは「日本のとある歴史系博物館におけるひとつの事例」としてご理解ください。「これが正解」とか「こうすべき」ということではなく、「こういうやり方もあるのか」という観点からお読みいただければ幸いです。

2. 展示は資料を見る最良の手段ではない

　博物館といえば展示、と申し上げましたが、資料のすみずみまで詳しく見たいと願うとき、残念ながら資料の展示は最良の方法ではありません。このことを、歴博が所蔵する「江戸図屛風」を例に考えてみましょう。

　「江戸図屛風」は、江戸時代初期の江戸の市街地および近郊の景観が描かれた屛風です。高さ約180cm、幅約380cmの屛風の左右一組（左隻と右隻）から構成され、そのほぼ全面に細かく絵が描かれています（図1）。絵の作者、絵が実際に描かれた時期、経緯はよくわかっていませんが、江戸幕府の第三代将軍である徳川家光の事蹟があちこちに描かれていることから、江戸幕府や家光に関わりの深い人物が作らせたものであろうといわれています。

　「江戸図屛風」は、歴史学や美術史の研究資料として貴重な存在です。長く未来に伝えていかなければならないことを考えると、資料の保存に万全を期す必要があり、従って、資料の閲覧や展示は強い制約を受けることになります。

　歴博では、「江戸図屛風」を収蔵庫から出して展示をしてもよい期間を年間4週間と定めています。自館での展示も、他館の展示への貸し出しも、すべてこの枠内で考えます。歴博の資料は、研究者が申請して熟覧することができますが、「江戸図屛風」は人気の高い資料で、なかなかご要望に応えることができないのが現状です。

　展示においては、決められた温度・湿度の範囲に調整された展示ケース内に展示することはもちろん、当てる照明の強さも、照度計を用いて厳密に

（左隻）　　　　　　　　　　　　　　　（右隻）

図1　江戸図屛風

調整します。ガラスケースの中の「江戸図屏風」は、その圧倒的な存在感やまばゆい金の輝きなど、本物の資料でなければなかなかわからない、博物館資料としての魅力に満ち溢れています。しかし、ガラス越しに決して明るくない照明の中で、描画の細部を詳しく見ていくことはかなりつらいことも事実です。

　末永く後世に伝える、見たい人びとにわけへだてなく、などの条件のもとでは、博物館展示という方法は、最善を目指すやり方のひとつではあろうと思います。しかし、資料を細部までじっくり見たいという面からはさまざまな制約があり、決して最良の手段ではないことがわかります。

3. 資料の画像の撮影と管理

　「江戸図屏風」を題材とした研究を行いたい、しかし実際の資料の閲覧には強い制約がかかっている、ということで、ならばせめて画像を、ということになるでしょう。しかし、研究利用に耐える品質の資料画像を得ることは、皆さまが想像するよりずっと大変なことなのです。

　例えば、歴博における博物館資料の撮影は、経験豊富な博物館資料専門のプロカメラマン（本館職員）が、資料担当の教員の指導を受けて実施しています。ただ単に写真を撮るだけでは、資料が持つ潜在的な情報を十分に引き出すことができません。どの角度から、どの解像度で、何枚ぐらいあればよいか、という判断は、資料担当者の知見とカメラマンの経験の深さがものをいうからです。資料の種類によっては、1枚のシャッターを切るのに数時間かけて照明や背景などの撮影環境を検討することもあります。

　歴博では、資料の撮影は、企画展示の図録の作成や研究利用に必要とされる場合に実施しており、網羅的にすべての資料を撮影することは行っていません[02]。歴博のような歴史民俗系の博物館は一般的に収蔵資料点数が多いこともあり、メモ写真程度であればともかく、研究利用や借用に耐える品質の撮影は不可能と判断してのことです。

撮影された写真の管理も実は大変です。デジタル画像の実用化以前、資料の写真はフィルムにより撮影されていました。フィルムはいわゆる「ビネガーシンドローム」と呼ばれる劣化を起こします。この劣化はいったん始まってしまうと進行を止められないため、フィルムの保管に携わる人たちは細心の注意を払い発生を防ぐ努力をしています。歴博は専用のフィルム保管庫を持ち、温湿度を厳密にコントロールして保存しています。加えて、数万枚に及ぶフィルムを管理するには、さらに整理の過程が肝要となります。歴博では写真管理のデータベースと紙ベースの写真管理台帳の両方を作成して、希望する資料の写真が即座に取り出せる体制を維持しています[03]。

　歴博では現在、資料画像の利用を有償で受け付けています[04]。世界的に進行するオープンデータ化の潮流の中で、博物館資料のデジタル画像を無償で自由に利用させる動きが広がっていますが、上記で述べたように、資料画像の提供は博物館にとって負担の大きい作業であり、一方でシステムを維持するための金銭的・人的資源の確保は博物館の自助努力に委ねられています。自由な利用を促進したいが、しかし"ない袖は振れない"という板挟みを強く感じています。インターネットの爆発的な普及を考えれば、オープンデータ化は必然の流れといえますが、その進展にあたっては、正しくコストを見積もった、必要な支援体制を社会インフラとして整えていくことまで含めた議論が行われることを、情報発信に責務を持つ博物館の一員として、切に願います。

4.「江戸図屏風」の超拡大コンテンツ

　一般公衆向けのサービスとして1996年11月に歴博の公式Webサイトが開設されましたが、そのとき同時に、「江戸図屏風」の比較的詳細なデジタル画像を公開しました[05]。日本の博物館美術館では先駆的な試みのひとつであったと思います。

　「江戸図屏風」の最も高精細な写真は、4インチ×5インチサイズのフィ

ルム 48 枚で撮影されています。これをフィルムスキャナでスキャンしてデジタルデータ化し、900 × 700 画素の画像 432 枚（48 枚の画像を 3 × 3 分割）として提供しました。実資料に対する解像度は 80dpi 程度でした（図 2）。WWW（World Wide Web）が持つ、画像と文章をレイアウトした「ページ」を伝送できる機能は、まさに博物館のためにあるような仕掛けであり、これを生かすコンテンツとして考えたものです。しかし当時の通信環境では、900 × 700 画像 1 枚の伝送に 2 〜 3 分かかる場合もあり、いささかやりすぎであったかもしれません。また、見たい対象がちょうど写真のつなぎ目にあたってしまう（例えば図 2 の例では日本橋が写真のつなぎ目にかかっていてうまく見えない）こともあり、いつかこれを解決したいと考えていました。

図 2　歴博 Web サイトにおける江戸図屏風の画像の提供

そのチャンスは 2000 年の夏にめぐってきました。東京ビッグサイト（東京国際展示場）において開催された「21 世紀夢の技術展」（日本経済新聞社主催）[06]に、歴博は「超拡大！江戸図屏風」というデジタルコンテンツを出品しました。「江戸図屏風」のどの部分でも、研究利用に耐える解像度で画像を見られる"超拡大コンテンツ"とするために、画像に必要とされる解像度について検討を行いました。図 3 は、日本橋の近くにあった魚河岸を描いた部分の画像です。

(a) 解像度 80dpi　　　　(b) 解像度 300dpi
図3　歴史研究利用に必要な画像の解像度の検討

図4　「21世紀夢の技術展」における「超拡大！江戸図屏風」

左がWebサイトで公開している解像度約80dpiの画像、右がフィルムを高画質でスキャンして得られた解像度約300dpiの画像です。近世史の先生を交えての議論の結果、図像に何が描かれているかを精密に読み取るためには、300dpi程度の画像が必要である、という結論に達しました。

そこで「江戸図屏風」の分割写真（4×5フィルム48枚）の高精細スキャニング画像から、トリミングおよび倍率・ひずみ・明るさの補正を施して合成し、96,000×22,500画素（約310dpi）のひとつなぎの画像を作成しました[07]。さらにこれを閲覧するための専用のプログラムを作成し、「超拡大！江戸図屏風」としてまとめました（図4）。

このシステムは、マウスなど一般のポインティングデバイスから利用することができますが、大型タッチパネルディスプレイからの利用を想定して開発されています。大型タッチパネルディスプレイを利用することで、手の動きと画面の動きを合わせやすく自然な感覚で操作ができることと、身体を大きく動かして操作することで利用者の積極的な態度や強い印象を引き出せることとを狙ったものです。

5. 超拡大コンテンツを用いた展示

この「超拡大！江戸図屏風」は館の内外で好評を博しました。2000年秋に行われた歴博の企画展示「天下統一と城」[08]において、江戸図屏風の実

資料と「超拡大！江戸図屏風」を並べて展示したところ、実際の資料で資料の質感や大きさなどを知り、肉眼で見づらいところを超拡大コンテンツで確認する、という使い方が有効であることがわかりました。以来、展示室において超拡大コンテンツを使用する場合は、なるべくもとの資料と合わせて出展するようにし、画像が先行して資料の見方が"頭でっかち"にならないように注意しています。

　また、江戸図屏風以外の資料についても、超精細画像を撮影してデジタル化し、超大画像自在閲覧システム byobu.exe（「超拡大！江戸図屏風」の後継ソフトウエア）を用いて閲覧する「超精細デジタル資料」を積極的に制作するようになりました（図5）。2000年以降2014年度までに、のべ63種類の超精細デジタル資料が制作され、この期間に開催された企画展示・特別展示・館外共催展示74件のうちほぼ半数（のべ39件）で利用されました。

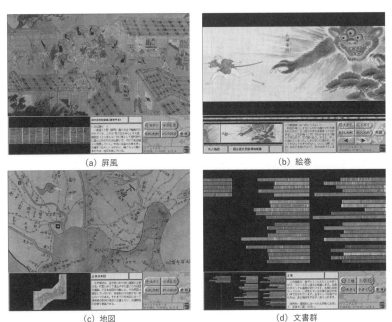

(a) 屏風　　(b) 絵巻
(c) 地図　　(d) 文書群

図5　byobu.exe による超拡大コンテンツの例

図6 第3展示室情報端末における超大画像自在閲覧機能の提供

2008年に全面的なリニューアルが行われた常設の第3展示室(近世)においては、新たにbyobu32x.ocx[09]が開発され、28台ある情報端末のうち22台において、byobu32x.ocxによる超精細デジタル資料の提供が行われています(図6)。

このように歴博では、資料のどこでも明るく・大きく見ることのできる超拡大コンテンツが、常設展・企画展のいかんを問わず、展示の主要な要素として導入され利用されています。おそらく、あまり技術的な難しさを利用者に感じさせず、もっと明るく大きく見たい、という自然な要求に素朴に応えているところが、支持されている理由ではないかと考えています。

6. 超拡大コンテンツ技術の可能性－準3次元表示を例に
6.1. 江戸の髪形かつら資料

　超大画像自在閲覧システムbyobu.exeは開発から15年あまり歴博の展示における中核のひとつとして機能し続け、さまざまな内容のコンテンツに対応するため、byobu.exeの改善と機能拡張が継続的に行われました。

　例えば図7は、2002年夏に開催された歴博の企画展示「男も女も装身具－江戸から明治の技とデザイン－」[10]に出展した、準3次元表示と呼んでいる「まわして見られる超拡大コンテンツ」の例です。題材は江戸時代の女性の代表的な髪形を示したかつら資料です。簪(かんざし)などの髪飾具や特徴的な髪の結い方について、前からも横からも後ろからもよく見たい、という要望から開発しました。まず、かつら資料をターンテーブルの上に置き、少しずつ回転させながら、各資料につき2度おきの画像180枚をデジタルカメラで撮

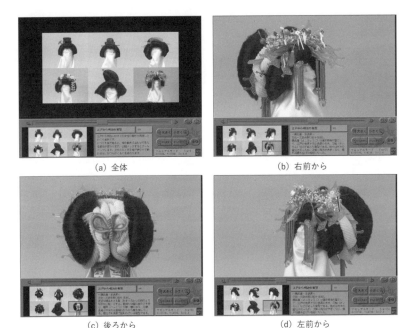

図7　江戸の髪形かつら資料の準3次元表示

影します。次に、これらの画像に角度情報を加えて、180個の超精細デジタル資料を作ります。最後に、byobu.exeを改造して、かつら資料の回転を指示するためのインターフェイス（スライドバーならびにボタン）を追加し、指定した角度に対応するデジタル資料を次々と切り替えて呼び出すようにしました。これで、これまでの画像の拡大と移動の機能に加えて、資料の回転という自由度が加わったことになります。もう少し撮影枚数を減らして、途中の画像を画像処理の技術（モーフィングなど）で機械合成する方法もありますが、表示されるどの画像も（架空の画像でない）実際の資料撮影画像となるように考えて作成しました。

6.2. 蒔絵万年筆資料

　準3次元表示が最も効果を発揮した例として、2016年春に開催された歴博の企画展示「万年筆の生活誌－筆記の近代－」[11]に出展した、歴博所蔵

の蒔絵万年筆資料のコンテンツをご紹介します。

　19世紀に実用的な万年筆がアメリカで完成すると、日本でも明治時代の終わりごろから国産化が進みましたが、万年筆の胴体に使われたエボナイトは、硬くかつ成型が容易という利点の半面、紫外線に弱く汗などに反応して変色する弱点がありました。そこで日本では、エボナイトの表面を保護するために漆が用いられるようになり、さらに色漆・蒔絵・螺鈿細工などによる装飾を施した美麗な万年筆が作られ国際的に好評を博しました。企画展示では、民俗学をベースにさまざまな観点から万年筆が取り上げられましたが、職人の優れた技を来館者に知らせる上で、歴博が所蔵する蒔絵万年筆資料をよりわかりやすくかつ美しく展示する工夫が必要となりました。

　万年筆は小さい資料です。長くてもせいぜい20cm弱、多くは14,5cm程度、太さは最も太いものでも2cmほどで、1cmに満たないものも多くあります。微小な細工が施されたものゆえ、なるべく資料の近くであらゆる角度から眺めてお楽しみいただきたいのですが、残念ながら実際に資料を手にして見ていただくことはできません。そこで、万年筆の高精細デジタル画像を撮影し、これを自由に閲覧してもらおうと考えました。

　任意の角度から見た万年筆の画像を撮影するための簡単な撮影補助装置（図8）を制作しました。下側は回転ステージになっていて、100分の1度の単位で正確に角度を指定して回転させることができます。上側はねじになっていて、これを回して万年筆を上下から挟みます。小さいプーリー（網戸の戸車などに用いられる、軸の部分が自由に回る小さい車）を万年筆の押さえに使うことで、ねじりの力が極力万年筆にかからないようにしています。また、万年筆の当たる部分にスポンジ（家具の足に貼り付けて床が傷つくのを防ぐもの）を貼り、万年筆をしっかり固定するとともに、万年筆が傷つかずかつ滑らないように工夫しました。

　文化財写真専門のプロカメラマン（本館職員）がデジタルカメラ（Nikon D810）を用いて撮影を行いました。黒地の上に光沢のある樹脂面を持つ蒔絵

は、周辺の環境光がそのまま映り込んでしまいます。そこで不要な映り込みを避けるため、暗幕で周囲を覆い、照明は上からストロボ光で与えるようにしました（図9）[12]。

万年筆は、5度刻みで回転させ、1資料あたり72枚のマルチアングル画像を撮影しました（図10）。回転の操作を筆者が担当したのですが、万年筆を撮影して、回して、また撮影して、という一連の作業をミスなく行うためにはかなり集中力が必要でした。回転のスピードが速すぎると、上下で挟んでいるところが

図8　万年筆撮影用の治具

図9　万年筆の撮影環境

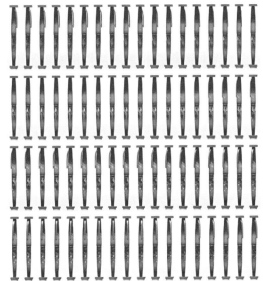
図10　撮影した万年筆の例（72枚）

滑って正確な角度が出なくなりますし、逆に遅すぎると、撮影時間がかさんでしまいます。また、間隔を置かず点灯するストロボライトに相当の負担がかかることもわかり、想定していたよりもずいぶん苦労して撮影を行いました。

撮影したマルチアングル画像をもとに、作成した万年筆の準3次元表示コ

ンテンツの画面を図 11 に示します。映り込んでいるスポンジの除去は手作業で行いました。美しい蒔絵や螺鈿の細工をすべての方向から高精細に熟覧することができ、展示に大きく貢献することができたと思います[13]。

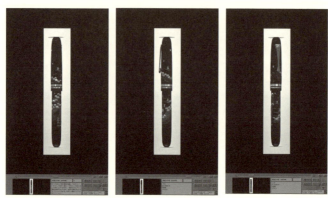

図 11　万年筆資料の準 3 次元表示コンテンツ

6.3. 錦絵版木資料

　準 3 次元表示の少し変わった応用についてもご紹介します。2008 年に開催した歴博の企画展示「錦絵はいかにつくられたか」[14]では、多色刷りである錦絵の版木(はんぎ)を展示しましたが、これに合わせて、版木の凹凸をよりわかりやすくご紹介するために、準 3 次元表示の仕掛けを応用した超拡大コンテンツを作成しました。

　版木とそれを撮影するコピースタンドをまるごとターンテーブルに載せ、一方向から光を当てます（図 12）。すると版木の凹凸によって影が現れるので、この影を含めて版木を撮影します（図 13）。ターンテーブルを回すと、光の当たる方向が変わるので、影の出方も変わります[15]。

　このようにして撮影した画像から作成した超拡大コンテンツを、準 3 次元表示と同じ要領で切り替えてやる（byobu.exe を改造し、光の方向を選んで切り替えられるようボタンを追加しました）ことで、版木の凹凸を実感することができるようにしました（図 14）。回転しているのは資料ではなくて照明というわ

図12　版木の撮影方法

図13　撮影した版木

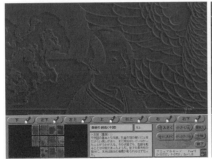
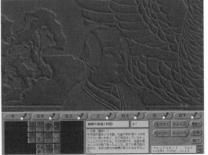
図14　光の当たる方向を変えて版木の凹凸を確かめられるコンテンツ

けです。さらに撮影枚数を増やせば、連続的に照明の方向を変えて表示させることも可能でしょう。資料表面に微妙な凹凸のあるものや、金属やガラスなどの独特の光沢を持つ資料に対して、この方法は有効であると考えています。

7. 超拡大コンテンツをインターネットで楽しむ時代にあって

　超拡大コンテンツがスムーズに動作するためには、高精細の画像データに

図15　タブレット端末上で動作する江戸図屏風の超拡大コンテンツ

高速にアクセスする必要があります。現在のインターネットは、高品質の動画像再生にも耐える高速なものをワイヤレス通信で利用できるようになりました。これを受けて2000年代の終わりごろから、Zoomify[16]やDeepZoom[17]などの、インターネット経由で利用できる高精細画像の配信・表示技術が利用できるようになってきました。IIIF[18]はこれらの技術を踏まえて、画像の権利に関する情報などまで含めてやりとりできるようにすることで、超拡大コンテンツの「健全な利用」を促進しようとするムーブメントと見ることもできるかと思います。

　2018年にウェールズ国立博物館で行われた「KIZUNA: JAPAN|Wales|Design」展[19]では、スマートフォンやタブレット端末で利用できる江戸図屏風の超拡大コンテンツを出展しました（図15）。これはDeepZoom形式の画像データをOpenSeadragon[20]というソフトウエアを用いて表示させています。これから新しく作成する超拡大コンテンツについては、OpenSeadragonベースで制作していく予定です。それまでのbyobu.exeやbyobu32x.ocxが独自の画像データ形式で超高精細画像を扱っていたのに対して、IIIFでも広く利用されるDeepZoomベースの画像データに切り替えていくことで、歴博の資料画像データの標準化を図り、可用性の向上に努めていきたいと考えています。

　これまで展示場で公開していた超拡大コンテンツを、広くインターネットに公開していくことは意味があることであり、その普及拡大に努力していきたいと考えています。ただし、資料によっては取り扱いに注意が必要なものもあり、資料を担当する教員や当該分野の研究者との慎重な調整が必要とな

ります。カメの歩みになってしまうかもしれませんが、広く支持を得られるように、着実に歩みを進めていきたいと思います。

　また、インターネットで公開するから、展示場ではもはや超拡大コンテンツは必要ない、ということではないと思っています。資料と人間の橋渡し役として、これからも存分に活用すべきであると考えています。

8. おわりに

　本稿では、超拡大コンテンツを中心に取り上げ、博物館とデジタルデータについて考えてみました。歴博ではこれ以外にもさまざまな種類のデジタルコンテンツを制作し、企画展示などに出展しています。別の機会にご紹介できればと思います。

　最後に「江戸名所見比べコンテンツ」というデジタルコンテンツをご紹介して、本稿を閉じたいと思います。このコンテンツは、2017年春に筆者が展示代表者を務めた歴博の企画展示「デジタルで楽しむ歴史資料」[21]に出展したもので、「江戸図屛風（江戸時代初期）」「江戸名所之絵（江戸後期）」「再刻江戸名所之絵（江戸末期）」の3つの絵図（いずれも本館所蔵）を、そこに描かれた江戸の名所に注目して比較することで、時代による景観の変遷や、目線の違い（武士目線か、庶民目線か）による描かれ方の違いを見比べることができます。

　例えば、図16は品川の景観の見比べの様子です。幕末の景観を描いた「再刻江戸名所之絵」には、外国船を打ち払うために設けられた「お台場」が描かれていますが、19世紀初頭の景観を描いた「江戸名所之絵」には描かれていません。お台場はまだ築かれていなかったからです。図17は芝の増上寺の景観の見比べの様子です。「江戸図屛風」は徳川幕府三代将軍家光に近しい人物が描かせたとされており、徳川家の菩提寺である増上寺が詳細に描かれているのに対し、観光地図である「江戸名所之絵」「再刻江戸名所之絵」では、目印となる建物が大きく描かれるにとどまり、目線の違いがよくわか

図16 「江戸名所見比べコンテンツ」でみる品川の景観の比較

図17 「江戸名所見比べコンテンツ」でみる増上寺の景観の比較

ります。

　このコンテンツでは、参照する絵図と見どころ（江戸名所）の設定は、展示の目的（3つの絵図の見比べ）に即して固定されていますが、もしこれが、インターネットなどを介して利用可能な任意のデジタルデータが、付与された情報を手掛かりに、与えたキーワードにより検索され、自動的に画面にレイアウトされて表示された結果だとしたら、と想像してみてください。わたしはこれが総合資料学の目指す、来るべき「デジタル人文学研究環境」のひとつの典型、と考えていいのではないか、と思います。インターネット上のデータが互いに組み合わされて、それを見る人の新たな発見や思索の深化を導いていく、そんなデジタルデータの活用は、人類の幸福と平和に寄与するテクノロジーのあるべき利用の姿のひとつだろう、と思うのです。

──注（Webページはいずれも 2019-2-3 参照）
［01］動物や植物などの生き物やその標本まで広げて考えれば、動物園、植物園、水族館ももちろん含まれます。
［02］国立民族学博物館が標本（資料）の3面撮影を網羅的に実施しているのとは対照的なスタンスといえます。
［03］財政緊縮が続く中、いつまでこの管理システムが維持できるか先行きは不透明であり、博物

館として強い危機感を抱いています。

[04] 資料写真の使用申請, https://www.rekihaku.ac.jp/education_research/gallery/material/procedure.html.

[05] 「れきはくWEBギャラリー」,『歴博』207, 2018年, 20-23頁, https://www.rekihaku.ac.jp/outline/publication/rekihaku/207/witness.html.

[06] https://web.archive.org/web/20000816002038/http://www.nikkei.co.jp/events/yumetech/（Internet Archive より）.

[07] その後修復が行われたのを機会に資料の再撮影とデジタル化が行われ、約84億画素（194,874 × 43,089画素；解像度約630dpi）の画像が作られています。

[08] 国立歴史民俗博物館編『天下統一と城（展示図録）』, 2000年, https://www.rekihaku.ac.jp/exhibitions/project/old/001003/index.html.

[09] 超大画像自在閲覧機能が組み込まれたInternet Explorer用プラグインソフトとして開発されました。byobu.exe にはない、画面のレイアウト機能を有しています。

[10] 国立歴史民俗博物館編『男も女も装身具－江戸から明治の技とデザイン－（展示図録）』, 2002年, https://www.rekihaku.ac.jp/exhibitions/project/old/020723/index.html.

[11] 国立歴史民俗博物館編『万年筆の生活誌－筆記の近代－（展示図録）』, 2016年, https://www.rekihaku.ac.jp/exhibitions/project/old/160308/index.html.

[12] このような撮影の工夫は、カメラマンの知識と経験によるところが大きく、博物館におけるカメラマンの重要性は、いくら強調しても足りないと感じています。あちこちでデジタルアーカイブの重要性が唱えられていますが、一番重要な情報の入口としての資料撮影について、欠かざるべきインフラストラクチャとしての認識を共有できればと思います。

[13] このマルチアングル画像を使って、万年筆を切り開くようにして図案を平面に表した展開図の作成も行いましたが、本稿では割愛しました。ご興味のある方は、「蒔絵万年筆資料のマルチアングル画像撮影ならびに展開図作成のための技術開発」（『国立歴史民俗博物館研究報告』206、2017年、39-59頁、http://doi.org/10.15024/00002334）をご参照ください。

[14] 国立歴史民俗博物館編『錦絵はいかにつくられたか（展示図録）』, 2009年, https://www.rekihaku.ac.jp/exhibitions/project/old/090224/index.html.

[15] こうして撮影した画像から、版木の凹凸を求め、さらにそれを用いて、この版木で実際に刷るとどのような絵が現れるかの再現が、奈良先端科学技術大学院大学の眞鍋佳嗣准教授（当時；現千葉大学大学院教授）によって試みられました。詳しくは眞鍋佳嗣「画像計測による錦絵の再現」（国立歴史民俗博物館編『錦絵はいかにつくられたか（展示図録）』2009年、70-73頁）をご参照ください。

[16] Zoomify, http://www.zoomify.com/.

[17] DeepZoom, https://www.microsoft.com/silverlight/deep-zoom/.

[18] IIIF, https://iiif.io/. 日本語による解説は、永崎研宣氏（人文情報学研究所）によるブログ記事「今、まさに広まりつつある国際的なデジタルアーカイブの規格、IIIFのご紹介（2016-04-28）」、https://digitalnagasaki.hatenablog.com/entry/2016/04/28/192349 がわかりやすいです。

[19] KIZUNA: Japan | Wales | Design, https://museum.wales/cardiff/whatson/10055/KIZUNA-japan--WALES--design/.

[20] OpenSeadragon, https://openseadragon.github.io/.

[21] 国立歴史民俗博物館編『デジタルで楽しむ歴史資料（展示図録）』, 2017年, https://www.rekihaku.ac.jp/exhibitions/project/old/170314/index.html.

chapter
8

歴史データのさまざまな応用
− Text Encoding Initiative の現在 −

永崎研宣(人文情報学研究所)

1. デジタルテクストの特徴を活かすには?

　デジタルテクストがあればテクストの扱いがとても便利になります。その是非はともかくとして、直接的にせよ、間接的にせよ、何らかのかたちで利便性が向上するということは誰もが認めることでしょう。自分は紙しか見ない、活字しか読まない、という人であっても、活字での組版を業務として行っているところはもはやごく限られており、ほとんどの活字は、デジタル組版によってコンピュータが作成した字形が印字されたものであることはご存じでしょう。

　印刷されて紙媒体として読まれるものがテクストであり、われわれは、時として暗黙でもあるさまざまなルールを通じて読み取ってきました。新聞には見出しがあり段組との関係でひとつの記事が構成されていること、脚注番号を見て同ページの下部に対応する脚注がなければ章末を見て、章末にもなければ文書末尾の対応する番号を見て脚注を確認すべきこと、下線や横線が引いてあればそれに何らかの意味があると考えるべきこと、ルールはさまざまであり、時として新たに開発され、特に説明もないままに理解されてしま

うものもあればわかりにくいと消えていくものもあったかもしれません。紙媒体という、ひとつの面しか持ち得ない媒体にいかにして情報を載せて伝えようとするかという営みは、一千年を超える試行錯誤の連続であったといえるでしょう。

　一方、デジタルテクストは、画面上での話ではありますが、複数の面を同時に扱うことができます。そこで多くの人が考えるのは、今まで暗黙的に共有してきたルールをきちんと書き込みつつ、通常の文章はそのまま読めるようにしたい、ということです。われわれは下線を引くとき、その下線に何らかの意味を込めようとします。多くの場合は強調したいのですが、ではどのように強調したいのでしょうか。「これ以降はこの単語に注目してもらいたい」のか「このフレーズがこれまでのすべてを一言でまとめている」のか、あるいは単に「これは重要人物の略称」なのか、下線に込められる意味はさまざまであり、それを正確に伝えることは下線のみでは不可能です。デジタルテクストでは、それを別な面に記述することが可能となります。例えば以下のものを見てみましょう。

　　例：それを＜キーフレーズ＞別な面に記述する＜／キーフレーズ＞ことが可能となる。

この例では、本文の中にタグと呼ばれる＜　＞に囲まれた「キーフレーズ」という文字列を2カ所組み込んでいます。そして、このキーフレーズが終了する箇所では「＜／キーフレーズ＞」という風に、「キーフレーズ」文字列の前に「／（スラッシュ）」が入っています。これによって、このふたつのタグに囲まれた文字列「別な面に記述する」をキーフレーズであると示そうとしています。この＜　＞内のテクスト「キーフレーズ」を通常は非表示にして、必要なときには表示できるようにすることによって、ひとつの文章についての複数の文脈での記述と提示が可能になります。さらに、「キーフレーズ」というタグを検索することで、キーフレーズとして示されている文字列を抽出することもできます。ひとつの文書の中にキーフレーズが複数登場してい

てそれぞれに同様のタグを付していれば、それらをまとめてタグ検索で抽出することができて、タグを付与する効果はより高まるでしょう。

さて、ここでもうひとつ考えてみたいのは、ほかの人と文書を共有しようとする場合です。ほかの人が同じように「キーフレーズ」タグを付けた文書を共有してくれたなら、その文書もまとめてキーフレーズを探せることになり、便利であることは間違いありません。つまり、タグを付けるだけでなく、それをほかの人と共通化することで、利便性をさらに高めることができるのです。

さて、これを 100 人がそれぞれの文書で実行してみたと想像してみましょう。100 の文書から、それぞれがキーフレーズだと思った文字列が取り出されます。このことの面白さはいうまでもないでしょう。しかし一方で、100 人それぞれが考える「キーフレーズ」がまったく同じ意味合いで選び出されることは少々難しいかもしれません。ある人は、文書に多く登場するいくつかのフレーズを選ぶかもしれませんが、一方で、登場頻度は少ないものの、文書を象徴するいくつかのフレーズを選ぶ人もいるかもしれません。ほかにもいろいろな定義の可能性があるでしょう。そうすると、100 人が作成したすべての文書から「キーフレーズ」を取り出したときにそれをもう少し統一的に扱えるようにしたいと思うなら、「キーフレーズ」がどういうものかということについて認識を共有できるようにしておく必要があります。つまり、「キーフレーズ」の定義を記述し、それを共有しなければなりません。

2. TEI 登場のコンテクスト

このようにして文章の中に注釈のようなものを埋め込んだり多様な面を記述したりすることは、1980 年代後半にはすでにそれなりにできるようになっており、2018 年現在ではかなり自由かつ便利なかたちで利用可能となっています。しかしながら、この種のことは、技術的にできるだけでは十分ではありません。各自が異なるルールでこのような記述をしてしまうと、共通の

ツールで利便性を高めたり，それぞれの成果を共有したりすることが極めて難しくなってしまいます。研究としては，誰も試みたことがない新しい記述手法に取り組むことには一定の意義がありますが，そのような記述手法はほかの誰も使ったことがないので，そのように記述されたテクストデータの活用のためには新たに活用ツールも開発しなければならなくなってしまいます。新しい記述手法を誰かが開発するたびにそれに合わせた活用ツールも開発するというのでは，いつまで経っても効率化を図ることができません。これはかなり深刻な問題にもつながり得る話であり，それを回避するためには，それほど目新しくなくても，むしろ皆が共通で使える記述手法を定めたほうがよいということになります。欧米でデジタルテクストの活用に関わる研究者たちはこれに気がついて対処を始め，それがひとつの大きな流れになったのは 1987 年のことでした。

　1987 年の冬，ニューヨーク州ポキプシーに集まった彼らは，長い議論の末に，ひとつの原則を共有するに至りました。これは，会議の地の名を冠し，ポキプシー原則と名付けられました。以下に引用してみましょう。

　　1987 年 11 月 13 日，ニューヨーク，ポキプシー
　1. ガイドラインは，人文学研究におけるデータ交換のための標準的な形式を提供することを目指す．
　2. ガイドラインは，同じ形式でテクストのデジタル化をするための原理を提案することも目指す．
　3. ガイドラインは，以下のことをすべきである．
　　形式に関して推奨される構文を定義する．
　　テクストデジタル化のスキーマの記述に関するメタ言語を定義する．
　　散文とメタ言語の双方において新しい形式と既存の代表的なスキーマを表現する．
　4. ガイドラインは，様々なアプリケーションに適したコーディングの規則を提案するべきである．

5. ガイドラインには，そのフォーマットにおいて新しいテクストを電子化するための最小限の規則が入っているべきである．
6. ガイドラインは，以下の小委員会によって起草され，主要なスポンサー組織の代表による運営委員会によってまとめられる．
   テクスト記述
   テクスト表現
   テクスト解釈と分析
   メタ言語定義と，既存・新規のスキーマの記述．
7. 既存の標準規格との互換性は可能な限り維持されるだろう．
8. 多くのテクスト・アーカイブズは，原則として，交換形式としてのそれらの機能に関して，そのガイドラインを支持することに賛成した．私たちは，この交換を効率化するためのツールの開発を援助するよう，支援組織に働きかける．
9. 既存の機械可読なテクストを新しい形式に変換することとは，それらの規則を新しい形式の構文に翻訳するということを意味しており，まだデジタル化されていない情報の追加に関して何か要求されるということはない．

人文学者や情報工学者、図書館司書たちによって支えられた TEI（Text Encoding Initiative）と呼ばれるこの動向は、その後、TEI ガイドラインを策定するとともに、TEI 協会（Consortium）を設置し、参加者による自律的で民主的な運営体制の下、ガイドラインの改良を続けていくことになります。この動きがやがて XML の策定に影響を与え、さらにその後、TEI ガイドライン自体も XML をベースとするものに移行することになります。

3. TEI ガイドラインとは

　TEI 協会は、一般的な意味での標準規格というものは目指さずに、あくまでもガイドラインを提示するということを当初より決めていたようです。こ

のことの興味深さは、人文学が業績刊行の手段として著書の出版にこだわるということに深く関わっているように思える点です。人文学においては、しばしば、議論を正確に展開するために、用語とその定義、そしてそれらの関係を、一般的な用法とは必ずしも一致しないかたちで厳密に定義することがあります。いうなれば、術語体系が、著書などのひとまとまりの研究業績ごとに異なっているという状況があり得るのです。もちろん、研究資料となる資料においても同様の状況があり得ます。厳密に定められた術語体系を強要するのではなく、十分に議論した結果をガイドラインとして提示して実際の用法は利用者・利用者コミュニティに委ねるというTEIの手法は、このような人文学のあり方に寄り添ったものとして捉えることができます。

現在のTEIガイドラインは、P5のバージョン3.xとなっており、非常に多くのXMLタグ・属性などで構成されています。ガイドラインの目次を見ることでその全体像をある程度把握することができるので、以下にそれを概観してみましょう[01]。

1 The TEI Infrastructure

2 The TEI Header

3 Elements Available in All TEI Documents

4 Default Text Structure

5 Characters, Glyphs, and Writing Modes

6 Verse

7 Performance Texts

8 Transcriptions of Speech

9 Dictionaries

10 Manuscript Description

11 Representation of Primary Sources

12 Critical Apparatus

13 Names, Dates, People, and Places

14 Tables, Formulæ, Graphics and Notated Music

15 Language Corpora

16 Linking, Segmentation, and Alignment

17 Simple Analytic Mechanisms

18 Feature Structures

19 Graphs, Networks, and Trees

20 Non-hierarchical Structures

21 Certainty, Precision, and Responsibility

22 Documentation Elements

23 Using the TEI

第一章ではTEIガイドラインが提示する仕組みの全体像を示しており、第二章はヘッダーについての解説です。ヘッダーは、TEIが登場した際の極めて重要な要素でした。テクストファイルにはしばしば、「このデータがどういうものであるか」ということについての説明が欠けていることがあり、それをテクストファイルの中に詳細に記述しておくためにTEIガイドラインではヘッダーの記載を必須化したのです。第三章は、すべてのTEI準拠文書で使えるエレメントの説明です。この章は大変長く、通常の文書で利用するようなエレメント・属性、そしてその使い方の例が豊富に提示されています。そして第四章は、基本的なテクストの構造のいくつかのパターンを提示しています。

　第五章は、書字体系や外字などが扱われており、日本語資料を扱う上で生じてくる外字もこのルールに従うことである程度うまく情報が共有できるようになっています。欧米の資料だとアルファベットだけで済むから楽だという話が聞かれることがありますが、中世の資料では字種が多様に存在し、Unicodeでは表現できない外字もまだ残されていることから、Medieval Unicode Font InitiativeがUnicodeへの外字登録を目指した活動を続けている模様です[02]。Unicodeへの文字の登録に関しては、近年、コンピュータの

処理性能の大幅な向上にともない、古典籍・古文書などに登場する学術用途でしか使われないような文字・文字体系も積極的に登録されるようになっています。手続きとしては、まず国際標準規格である ISO/IEC 10646 への追加が承認されてから Unicode 規格もそれに追従することになっており、新しい文字の追加は、ISO/IEC の規格への登録というかたちをとることになります。カリフォルニア大学バークレー校を拠点とする Script Encoding Initiative という団体がこの動きを幅広くサポートしています。漢字の登録に関しては、IRG という漢字検討の専門グループがいったん検討した上で ISO のワーキンググループに提案するという手順を踏むことになっています。従って、漢字を登録する場合には、まずは IRG に提案しなければならないのが現状です。ただし、IRG も近年は学術用途の漢字登録に寛容になっており、文字同定や証拠資料に関する所定のルールを踏まえた上で要登録文字であると判断されれば基本的には登録されるようになっています。時間はかかるものの、Unicode に登録することによるメリットは大きく、その必要がある文字はなるべく登録しておきたいところです。

　第六章以降は、韻文詩、戯曲、演説の文字起こし、辞書、手稿の書誌情報、一次資料の記述、校訂情報、と、資料の性質に合わせた詳細な記述の仕方が提示されています。とりわけ、手稿の記述の仕方には非常に力が入っており、欧米有力大学図書館の研究司書が中世写本の目録情報をデジタル化したりデジタル画像に書誌情報を付けたりする際に広く用いられています。また、校訂テクストの異文情報の記述の仕方も充実しています。

　第十三章は、固有表現に関する記述の仕方であり、これはどの種類の資料にも適用可能なとても便利なルールです。その後、少し飛ばして、第十七章では言語コーパスを作成するための単語やフレーズ、文章などのさまざまな単位に対して付与すべきタグ・属性について解説されています。

　第二十章では、本来階層構造をとるべき XML のデータを TEI の形式でうまく表現するためのさまざまな工夫が紹介されています。

もうひとつ大変興味深い章は第二十一章です。この章は、人文学によるルールであることを象徴する大変興味深いものです。文書内のさまざまな要素（固有名詞とその解説など）が、どれくらいあてになるのか、そして、誰に責任があるのか、ということを明示するためのXMLタグ・属性などの記述の仕方が解説されています。

4. アップデートされるTEIガイドライン

　このように、TEIガイドラインの目次を見ることでTEIの大まかな概要が見えてきます。全体的な統一感をある程度目指そうとするものの、やはり個別の資料・個別の研究手法の束縛を離れることは難しく、TEIガイドラインとしては個別の事情についてそれぞれケアすることになっています。そして、人文学全体をフォローできているわけではないため、TEI協会にはメンバーの要求に応じて分科会が設置され、そこで個別の分野・手法におけるTEI拡張の可能性が検討され、場合によってはその成果がTEIガイドライン全体に反映されることがあります。近年では、書簡の分科会を通じてそれに関するタグ・属性などが登録されました。東アジア／日本語分科会も同様にして日本語資料を対象とするさまざまな分野に必要なタグ・属性などの登録を目指して作業を続けているところです。

　TEIガイドラインは人文学資料を構造的にデジタル化するための包括的なガイドラインとして策定されてきている一方、実際のところ、これまでは主に西洋の文献を対象として策定されてきました。それでも、近代日本の資料であれば多くの状況に対応可能であり、対応すべき課題は振り仮名や漢文の返り点くらいのものでした。しかしながら、古典籍・古文書になると、くずし字の連綿体やヲコト点など、ガイドラインに沿うだけでは構造化が難しい資料が増えてきます。そういった事情と対応の必要性がTEI協会においても共有されてきた結果、東アジア／日本語分科会が2016年にTEI協会に設置されることとなりました。この分科会では、TEIガイドラインの翻訳・日

本語による日本語のためのテクスト構造化ガイドライン策定・日本語資料を適正に構造化するためのTEIガイドラインの改訂案提出を目指して活動しており、遠隔ビデオ会議システムを活用して世界各地の有志により作業が進められているところです。

5. TEIガイドラインの活用事例

　TEIガイドラインの具体的な活用事例は、欧米の資料に関しては膨大に存在しており、例えばイギリス英語の1億語からなるコーパス、British National Corpusに採用されていたり、シェイクスピアの戯曲に関してはさまざまな版本に合わせたTEI準拠テクストデータが各地で公開されていたりします。XMLで記述されているため、それを利用した活用の幅は非常に広く、例えば、https://www.folgerdigitaltexts.org/Ham/charChart このURLで表示されているのは「どの人物がどの幕にどういう状態で登場しているのか」をOn stage, Speaking, On stage (dead), Speaking (dead) で確認できるようにした表です。これはTEIガイドラインに沿って記述した人物情報と幕の情報を組み合わせて視覚化したものです。この場合には多少のプログラミングが必要になりますが、基本的にそれほど難しいものでなく、ごく基礎的なレベルのプログラミングができれば十分に対応可能です。また、TEIガイドライン向けに作成された表示用プログラムもさまざまに開発されており、例えば校訂テクスト（正確にいえば学術編集版）としてTEIガイドラインに準拠して作成したXMLファイルをVersioning Machine[03]というフリーソフトウエアに読み込ませると、各版を比較できるようにしたものを作成してくれます。例えば『魔術師マーリンの予言』の複数の写本を比較しつつ注釈を付けた学術編集版をTEIガイドラインに沿って作成し、それをVersioning Machineに読み込ませるとこのように表示してくれます[04]。同じことを、源氏物語の大規模な校訂テクスト『源氏物語大成』で試してみたものの一部を見てみましょう。

　源氏物語の諸写本をTEIガイドラインに沿って記述するのは困難ですが、

それらを集めて校訂した『源氏物語大成』の場合、活字を用いており、西洋で発展した近代的な手法を援用してテクストを作成しているため、このようにしてTEIガイドラインを適用することはさほど難しくありません。日本研究が手法において西洋の影響を強く受けていることの証左と見ることもできるでしょう。なお、縦書きになっていないのは表示の問題であり、若干のプログラミングの手間を増やせば対応可能です。

5.1. 固有表現のマークアップ

さて、本章冒頭の例のようなキーワードのタグ付けをする場合についても少し例を見てみましょう。TEIガイドラインでは第十三章で解説されているものですが、これを『走れメロス』で適用してみたものが以下の例です。

<said who="#メロス">

「市を <persName corresp="#ディオニス"> 暴君 </persName> の手から救うのだ。」

</said>

固有名詞については人物IDを、発話についてはその話者の人物IDを付与しています。これはかなり単純な事例ですが、この人物IDを使うことで話者の特徴や呼称などについて、さまざまな傾向を視覚化することができます。図1にごく単純な視覚化の例を示しました。同様のタグ付けをいろいろな作品で行うことができれば、作品間の比較研究の手掛かりとしても有用かもしれません。

5.2. パラレルコーパスのマークアップ

原文と訳文を対応付けるパラレルコーパスを作成したいという場合にはTEIガイドライン第十七章で詳細に説明されているタグが有効です。文章ごとに <s> というタグを付けつつ、それぞれの <s> に文章IDを付けておけば、そのID同士をリンクさせた対応付け情報を作成することでパラレルコーパスを生成できる元データを用いることができます。パラレルコーパスは、自動翻訳のための教師用データに用いたり、原文か訳文のどちらかを見ながら

図1 走れメロスの視覚化の例［05］

図2 パラレルコーパスの図［06］

もう片方を一緒に閲覧したりするために用いられることが多いです。例えば図2の例では、大蔵経データベース上の現代日本語訳文と対応する古典中国語訳文とを並べて閲覧できるようになっています。

5.3. 校訂テクスト：学術編集版のマークアップ

　ところで、TEI のコミュニティの主力を構成するグループの中には、デジタル学術編集版を作成する人たちがいます。英語では Digital Scholarly Edition などと呼ばれているものですが、いわゆる校訂テクストや校本と呼ばれる種類のテクストに近いものです。例えばキリスト教の新約聖書であれば、イエス・キリストの教えが弟子によって記録されていますが、われわれが現在読んでいるものは弟子が書いた文章そのものではありません。書写を繰り返して伝えられ、印刷技術の発展とともに印刷物として頒布され、最終的にそうして伝え残されたもの、あるいは残されたものをさらに翻訳したものをイエス・キリストの教えとして読み、理解しています。そのようにして残っていく過程では、弟子による記述が必ずしも完全に伝えられることはなく、追加や省略、修正、誤記などによって徐々にテクストは変化していきます。新約聖書というものを考えるのであれば、そうして加えられたさまざまな変化を取り除いたもとのものへとさかのぼっていこうとする通時的な方向性と、変化してきたそれぞれの時代や地域におけるテクストを再現し把握することでテクストの影響を個々の状況ごとに捉えていこうとする共時的な方向性とがあるでしょう。研究資料を紙で印刷して共有していた時代では、これらの情報を同時的に得られるようにすることは大変困難でした。しかし、デジタル媒体では、ひとつの情報群から必要な情報だけを適宜取り出して見ることができるため、(1)「それぞれの時代や地域に発見された写本の画像」(2)「その写本から文字起こししたテクストデータ」(3)「同じような（しかし時々異なっている）テクスト同士の対応付け情報」(4)「それらから判断されたよりオリジナルに近いテクスト」といったものを情報として提供し、読者・利用者が見たい部分だけをその都度瞬時に取り出して閲覧することが可能となりました。これをデジタルで共有しやすいかたちで記述するルールを TEI ガイドラインは提供しています。例えば、同様に写本で伝承されてきている源氏物語について見てみましょう（図3）。

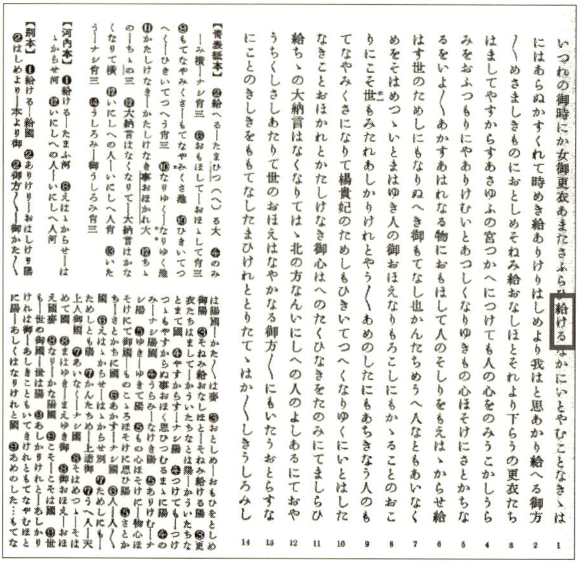
いつれの御時にか女御更衣あまたさふら給けるなかにいとやむことなき〻はにはあらぬかすくれて時めき給ありけりはしめより我はと思あかり給へる御方〳〵めさましきものにおとしめそねみ給おなしほとそれより下らうの更衣たちはましてやすからすあさゆふの宮つかへにつけても人の心をのみうこかしうらみをおふつもりにやありけむいとあつしくなりゆきもの心ほそけにさとかちなるをいよ〳〵あかすあはれなる物におもほして人のそしりをもえはゝからせ給はす世のためしにもなりぬへき御もてなし也かんたちめうへ人なともあいなくめをそはめつゝいとまはゆき人の御おほえなりもろこしにもかゝることのおこりにこそ世もみたれあしかりけれとやう〳〵あめのしたにもあちきなう人のもてなやみくさになりて楊貴妃のためしもひきいてつへくなりゆくにいとはしたなきことおほかれとかたしけなき御心はへのたくひなきをたのみにてましらひ給ちゝの大納言はなくなりてはゝ北の方なんいにしへの人のよしあるにておやうちくしさしあたりて世のおほえはなやかなる御方〳〵にもいたうおとらすなにことのきしきをもてなしたまひけれととりたてゝはか〳〵しきうしろみし

図 3　源氏物語の脚注の画像

このように、『源氏物語大成』では、どの行にどの写本ではどういう異文が存在するか、ということを脚注などで示しています。写本の系統を 3 つに分けているため、利用者としては、すべてを一度にまとめられるのに比べると若干使いやすいことでしょう。これを TEI ガイドラインのルールに従って記述してみたものの一部が図 4 です。

```
<app>
   <lem wit="#大成 #別麥 #別 #青池 #青横 #青三 #青肖 #別陽 #青大">給ける</lem>
   <rdg wit="#河">たまふ</rdg>
   <rdg wit="#別國">給</rdg>
</app>
```

図 4　源氏物語の critical apparatus（校異情報）記述の一例

この資料の場合、作成にあたって利用した写本が多いために記述がややごちゃごちゃしてしまっていますが、この種のごちゃごちゃした状態は、プログラミングによって解消できる面も大きいため、いきなり手作業ですべて入力しようとするのでなく、自動化できるところとできないところを見極めて、自動化できる部分はプログラミングを覚えて自分で対応してみるか、得意な

人に助けてもらうといったことを試みることをおすすめします。このようにして作成したデータは、先述のVersioning Machineを適用すると図5のように表示することができます。上記のような各資料についての校異(こうい)情報から各資料のテクストを再構成した上で、カーソルを合わせるとそれぞれの資料の対応箇所に黄色いマーカーを付けてくれるようになっています。

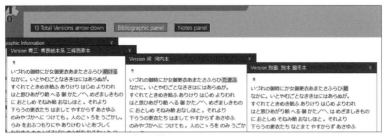

図5　Versioning Machineによる表示の例

　日本語資料のことをまったく意識していないメリーランド大学のプロジェクトが作成したこのフリーソフトウエアでさえ、TEIガイドラインに準拠してデータ作成するだけでここまでのことができるのであり、また、フリーソフトウエアであるがゆえに自ら改良して縦書きなどに対応させることもできます。このようにして、国際的なデジタル・ヒューマニティーズの大きな流れに力を借りることができる上にそこにさらにフィードバックをしていくこともできるという点もまた、TEIガイドラインのひとつの大きなメリットです。

5.4. 貨幣のマークアップ

　TEIガイドラインは、完全にそれに依拠したものしか許容しないわけではなく、むしろ、資料の特殊性に応じて拡張したり、さまざまな規格の一部として利用されたりすることも想定されています。例えば、以下のような貨(か)幣(へい)のデータベースにおいてメタデータを記述するのに用いられているXMLベースの記述ルール（スキーマ）Numismatic Description Schema（NUDS）[07]は、貨幣の記述を目的としつつ、TEIをはじめとするいくつかのスキーマを組み合わせて構成されており、詳細情報やテクストを記述する際にはTEIなど

のほかの記述ルールを導入することも許容されています。

　　　http://numismatics.org/collection/1944.100.26728

　　　（CC BY-NCライセンスのため全体画像の引用はしない）

このサイトでは、メタデータの出力形式としてNUDS/XML以外に、RDF/XML、TTL、JSON-LD、Linked.art JSON-LD、KML、GeoJSON、IIIF Manifestという計8種類のデータ形式を用意しており、連携のしやすさにも配慮している点にも注目しておきたいところです。なお、これらのデータ形式についてはほかの章で扱っているものもあるので参照してください。

5.5. 書誌情報のマークアップ

　書誌情報は、ISBNを持っているような現代的な図書資料であれば、わざわざTEIなどを考える必要はないかもしれません。しかし、古典籍のような希少性の高い資料の場合には、大きさ・紙料・保存状態・来歴情報など、固有のさまざまな情報を付与しておくことが有用になります。国文学研究資料館では古典籍を調査する際に調査カードとして31項目の情報を記述できるようにしており、そのデータベースも公開されています。こういった情報も、なるべくコンピュータが取り出しやすいかたちに構造化されていれば可用性が高まり、利用者・読者にとっても便利です。また、一定の量が集まれば視覚化してコレクションの傾向を調べたり古典籍の流通の状況を確認したりすることもできるようになるでしょう。TEIガイドラインでは古典籍の書誌情報を記述するためのさまざまなルールを提供しています。これに準拠して書誌情報を作成しているプロジェクトや機関は世界各地にあるようです。そのような中で、例えばケンブリッジ大学図書館は日本の古典籍の書誌情報をもTEIで公開しているので参照してください[08]。

　一方、現代的な図書資料であっても、例えば青空文庫のように既存の紙の本をデジタルテキスト化した場合には、もとの紙の本の書誌情報以外に、入力・校正など、これに関わった人についての情報を記載しておきたい場合もあるでしょう。例えば、オックスフォード大学ボドリアン図書館で公開して

いるシェイクスピア作品の TEI 準拠テクストでは、紙の本に関わった人の名前だけでなくデジタル化に携わった人たちの名前もその作業内容とともにヘッダーの部分に列挙されています[09]。

誰が何にどう関わったか、ということは、文化を楽しみ継承していく上で重要な要素であり、TEI がこの側面に丁寧に対応していることは、TEI の性格を端的に表しているといえるでしょう。

5.6. 画像アノテーション：IIIF との関係

TEI はテクストデータの記述ルールから始まったものでしたが、デジタル画像の普及にともない、画像とテクストをリンクしたり、画像に対するアノテーションを記述するといったルールも導入されました。これを活用するためのツールもいくつか開発され[10]、主に研究プロジェクトにおいて活用されてきたようです。一方、画像へのアノテーションは Open Annotation という Web 上のオブジェクトに自由に注釈を付けようとする流れに淵源を持つ IIIF（International Image Interoperability Framework）が 2011 年から欧米の有力な文化機関の IT エンジニアを中心に開始され、主に文化機関がデジタルコレクションを公開する際に採用するようになりました。結果として、公開者側は IIIF 対応で画像・メタデータを公開し、それを利用する側はただ閲覧するだけでなく、その任意の部分を自由に取り込んだり加工してその成果を動的に共有できるようにするといったさまざまな利活用手法の開発が世界中で取り組まれるという新しい流れが形成されています。

一方、すでに欧米の人文系研究者や文化機関は TEI に準拠した書誌情報やテクストデータを大量に蓄積してきています。そこで、IIIF で公開される画像に TEI での蓄積をどのようにリンクさせるかという課題への取り組みが行われました。もともと TEI が持っていた画像とテクストをリンクさせる仕組みをほぼそのまま IIIF に変換することが可能であったため、変換のためのプログラムはすでにいくつか実装されており、その手法も共有されつつあります。現時点では IIIF はどちらかといえば公開されたデータを共有・

活用する仕組みという志向が強く、専門に特化したデータを作成するにはあまり向いていないため、注釈や異文情報などを埋め込んだテクストデータなどの人文学向けの基礎的なデータを作成する場合には、TEI に準拠したデータを保存用として作成し、それを IIIF に変換するというのがデータの継承性という点では安全な方法でしょう。

6. マークアップの深さをどう考えるか

　TEI ではあれもできてこれもできて……という話が続くと、とりあえずテクストデータを安定して提供・共有したい場合はどういう風にすればいいのか、とか、そんなに深い構造化をするとコストがかかりすぎるから無理だ、と思ってしまうこともあるでしょう。TEI では、そういう状況に対応するべく、いくつかの解決策を用意しています。最もわかりやすいのは、TEILib（Best Practices for TEI in Libraries）[11] でしょう。これは図書館で TEI 準拠のテクストデータを作成するためのガイドラインであり、書誌情報に関しては MARC を TEI のヘッダーに変換するための対応表を提供しており、本文データに関してはマークアップの深さに関して複数のレベルを提示しています。一番浅いレベルでは OCR をかけたテクストデータをほぼそのまま利用し、もとになった画像とリンクした上で、書誌情報を記載するのみとし、レベル 2 ではレベル 1 に加えて見出しなどをマークアップすることでファイルの使いやすさを高めます。レベル 3 では、文書の基本的な構造をツリー構造になるようにマークアップしますが、パラグラフや韻文詩の行などごく基本的なマークアップにとどめます。レベル 4 では基本的な内容分析に使えるような固有表現や削除訂正などのテクストに含まれるさまざまな要素をタグ付けしますが、利用するタグは限定されます。最後のレベル 5 では、レベル 4 でも対応できない学術編集版などの深いマークアップを行うとしています。手順の自動化可能な範囲など、さまざまな情報を提示しており、現時点では英語版しかありませんが、一読の価値はあります。

7. テクストデータやツール・ノウハウを共有するには

TEI協会では、公式Webサイト[12]で関連プロジェクトやツールの紹介を行っており、ツールに関してはそちらを見ていただくことである程度情報が得られます。ただし、完全に網羅できているわけではないので、ほかにもGoogleなどで探すといろいろなものを発見することができます。また、特にガイドラインに関してはGitHub上でも公開しており、改訂のための修正案などはそちらからGitHubの仕組みを利用して提示できるようになっています。

ノウハウの共有に関しては、主にメーリングリストで質問が投げかけられるというかたちで展開した議論がアーカイビングされており、それを検索することで有用な情報をさまざまに得ることができます。

テクストデータの共有については、TEI協会も支援するTAPASというプロジェクトが米国で進められており、TAPASでは、TEIテクストデータリポジトリとして世界各地のTEIテクストデータのうち、ライセンス的に問題のないものが閲覧できるようになっています。

8. どうやってマークアップするか

ほかの人にも使いやすく活用しやすいテクストデータの作成ということでここまでいくつかの事例を見てきましたが、いずれもXMLのタグを付けることが基本的な前提となっています。では、それをどのようにして行っていくか、ということについて以下に見てみましょう。

8.1. タグ付けルール／構造の設計

TEIでタグ付け、といわれると、何かルールが決まっていてそれに従えばいいように思ってしまいがちですが、ここまで見てきたように、分野・手法によってタグ付けの要求内容は大きく異なり、TEIに沿ってテクストデータを作ろうとする場合には、現在作ろうとしているテクストデータの目的に沿ったタグをあらかじめ選択して絞り込んでおくという作業が必要になりま

す。例えば、クラウドソーシング翻刻で有名な Transcribe Bentham というプロジェクトでは、Mediawiki を改造し、TEI のタグのうちでこの翻刻に必要なものだけをボランティア作業者が入力するとそれに従った表示が行われるようにしています（図6）。

ひとつのプロジェクトにおいて利用するタグを決めるプロセスにおいては、TEI ガイドラインだけではどうしても対応できないというケースへの対応も検討することになります。TEI ガイドラインを拡張するのか、ほかの XML スキーマを部分的に取り込むのか、対処方法はさまざまですが、そのような検討においては、対象資料の利用方法、あるいは少なくとも目指す利用方法をよく知っている人が主体的に関与する必要があります。問題は、文書の構造をどのように設定するかということであり、これには内容面・利用面の知識が不可欠なのです。

この種の検討においては、タグの入れ子構造などについての理解も必要になりますが、それを強力にサポートしてくれるソフトウエアもあります。商用ソフトウエアですが、汎用 XML エディタである Oxygen XML Editor を利用するのが今のところ現実的な選択肢です。Oxygen XML Editor はデフォルトで TEI 文書にも対応しており、単に XML のタグを入力しやすくしたり、作成中の文書のツリー構造を提示してくれるだけでなく、自動的に「TEI のルールに従うとその箇所で利用可能なタグ」を提案してくれる機能もあり、

図6 Transcribe Bentham の翻刻画面

XMLに関する技術的な知識が必要な場面や面倒な作業の多くを自動的に処理してくれます。従って、どういうタグを用いてどういう構造のテクストデータを作成するかを検討する際には有用性が高いです。

8.2. どうやってマークアップするか：実際の作業

タグの付け方を決めることができたとして、次に実際のタグ付け作業についても検討してみましょう。青空文庫でも独自のタグ付けルール[13]を利用しており、TEILibでは構造上はレベル2に相当する比較的簡便でわかりやすいものですが、これでもやはり若干のハードルを感じる向きもあるようです。いずれにしても、タグを付けるという作業に抵抗を感じる人は少なくありません。にもかかわらずTEI/XMLのテクストデータが欧米で多く蓄積されてきた理由は、やはりOxygen XML Editorの存在が大きいでしょう。このエディタをTEI準拠モードで用いると（＝TEIのスキーマを読み込ませて入力編集作業をすると）、タグの入力をするためにタグの記号を入力する必要性が少なく、入力者は、テクストを入力しながら、あるいは、入力されたテクストの構造を考えながら、タグが必要と思われる場所でエディタから提案されたタグを選びつつ作業を進めていくことができます。商用ソフトウエアであるのがなんとも残念ではありますが、インターフェイスも日本語化されており、XMLだけでなくMS OfficeやHTMLファイル、JSONファイル、あるいは各種プログラミング言語のファイルなど、さまざまな形式を扱えるようになっているため、一度購入すればTEIやXML以外でもいろいろ役立てることはできるでしょう（図7）。

また、タグ付けを簡便にするさまざまな仕組みが用意されてきたこともあるでしょう。利用するタグを限定すれば、簡単なタグ付けシステムを用意するだけで対応できるようになります。例えば、上述のTranscribe Benthamプロジェクトでは、当初はMediaWikiを改良し、ボタンをクリックするだけで必要なタグを付与できるシステムを提供していました。また、やや汎用的なフリーソフトウエアとして、CWRC writer[14]がカナダのプロジェクトによっ

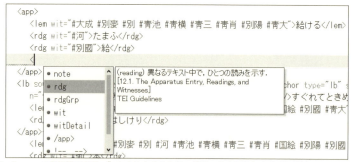

図7 Oxygenの利用例の画面。「<」を入力するとその箇所で入力可能なタグが解説付でリストされる

て開発されており、メリーランド大学ではcoreBuilder[15]というTEI準拠の外部マークアップをメニュー選択で行えるソフトウエアが開発されています。さらに別のTEI向け汎用フリーソフトウエア開発プロジェクトも進行中です。

8.3. 自動化作業をフォローするためのTEI

　欧米の人文学でのTEI準拠テキストの活用と共有の仕方を見ていると、TEI準拠ではないかたちで作成されたデータをTEI準拠に自動的／半自動的に変換するという作業が行われることも少なくありません。TEIは、中間フォーマットとしての役割も持っており、ほかの形式からTEIに一度変換することによる多対多の膨大な変換パターンを心配することなくデータを共有できることを目指しているからです。書誌情報にせよ、本文データにせよ、何らかの構造を持っていれば、それをTEIに変換することは比較的容易です。最近は、MS-Wordでさえ内部形式はXMLになっているため、TEIへの変換やその逆もそれほど難しいことではなくなってきています。そこで、いろいろなデータフォーマットからTEIに変換してそれを共有するという仕方も有力な選択肢となっているのです。

　とはいえ、もとのデータの持っている精度を超えることは極めて難しいです。例えば、青空文庫形式のテキストデータをTEILibのレベル2に変換することはできますが、レベル3となるテキスト全体をツリー構造にするための変換は人の目と判断が必要になります。あるいは、どこに固有名詞が登場

するかということも自動的に検出することはある程度までは可能ですが、間違いや見落としが出てしまうことも多く、比較的正確に検出された信頼できるデータを作ろうとすると人の目が必要になり時間もそれなりにかかってしまいます。このような、いわば、半自動的な作業プロセスにおいてもTEIは有用です。自動的にマークアップしたあと、手作業でデータを修正・整備していくにあたり、一度TEI準拠のデータにしておけば、データを共有しながら作業を進めていくことが比較的容易になるでしょう。例えば、MeCabで分析・注記した地名情報を含むテクストデータをあとから手で修正しようとするなら、TEIにおいて地名を示すタグである<placeName>を付けた状態にしておけば、あとはそれを修正したり、新たに<placeName>タグを付けていったりするというワークフローが可能になります。固有名詞かどうか、文法的にはどうか、といったことに始まり、テクスト中のさまざまな側面についての注記を共有しながら進めていくことは、利用者だけでなくデータ作成者にとっても貴重な得がたい経験となることもあります。

9. おわりに

　TEIは、その30年の歴史の中で、技術の進歩と人文学分野における方法論的内省の深化により、常に発展を続けてきています。デジタル・ヒューマニティーズ（≒人文情報学）における「方法論の共有地（Methodological Commons）」という考え方を体現する活動として、欧米ではデジタル・ヒューマニティーズの中心的な役割を果たしているもののひとつです。かつては日本語データを他言語と共通に扱うことが難しく日本での導入に意味を見出だすことが難しかった時代もあり、導入がうまくいかなかったこともあったようですが、現在は、海外で作られたさまざまなデジタルツールを日本語資料に適用することが技術的には問題がなくなってきており、あとは内容・意味の面での課題を解決すればよいという状況になっています。海外のツールやそれが依拠する枠組みを日本語資料やその研究に使えるようになるのであれ

ば、海外で進められているデジタル資料への取り組みに関する多様な観点を検討し必要に応じて適用することも可能になります。それは、単に利便性を高めることに資するだけではありません。明治の開国において西洋の人文学研究のエッセンスを取り込んで日本の人文学が成立し文化への視点が多様化したように、欧米の長い人文学の伝統から生まれ育まれてきた TEI に向き合うことで、デジタル時代のテクストのあり方への観点をより多様なものとし、日本の人文学を豊かにしていくことになるでしょう。

付記：日本語資料に TEI を適用する取り組みの現状に関しては、上述の TEI 協会東アジア／日本語分科会の活動が参考になるでしょう。https://github.com/TEI-EAJ

―――― 注（Web ページはいずれも 2019-1-18 参照）

[01] P5: TEI ガイドライン, http://www.tei-c.org/release/doc/tei-p5-doc/ja/html/index.html.
[02] Medieval Unicode Font Initiative, https://folk.uib.no/hnooh/mufi/.
[03] Versioning Machine, http://v-machine.org/.
[04] Prophecy of Merlin, http://v-machine.org/samples/prophecy_of_merlin.html.
[05] ここに TEI/XML を読み込ませる, https://tei-eaj.github.io/aozora_tei/tools/visualization/display_dazai.html.
[06] SAT 大蔵経 DB, http://21dzk.l.u-tokyo.ac.jp/SAT2018/master30.php.
[07] Numismatic Description Schema (NUDS), http://nomisma.org/nuds.
[08] ケンブリッジ大学図書館の書誌情報の XML, https://services.cudl.lib.cam.ac.uk/v1/metadata/tei/PR-FJ-00734.
[09] シェイクスピア作品の TEI 準拠テクストの XML, http://firstfolio.bodleian.ox.ac.uk/download/xml/F-ham.xml.
[10] 例えば, https://mith.umd.edu/tile/. http://tapor.uvic.ca/~mholmes/image_markup/.
[11] Best Practices for TEI in Libraries, http://www.tei-c.org/SIG/Libraries/teiinlibraries/.
[12] TEI: Text Encoding Initiative, http://www.tei-c.org/.
[13] 青空文庫注記形式, https://www.aozora.gr.jp/aozora-manual/index-input.html#markup.
[14] CWRC-Writer XML editor, https://github.com/cwrc/CWRC-WriterBase.
[15] coreBuilder, https://github.com/raffazizzi/coreBuilder.

―――― 参考文献

» James Cummings, A world of difference: Myths and misconceptions about the TEI, Digital Scholarship in the Humanities, fqy071, 14 December 2018, https://doi.org/10.1093/llc/fqy071.
» Nancy Ide, C. Michael Sperberg-McQueen, Lou Burnard, TEI：それはどこからきたのか。そして、なぜ、今もなおここにあるのか？, デジタル・ヒューマニティーズ, 2018 年 1 巻, pp. 3-28, https://doi.org/10.24576/jadh.1.0_3.

chapter

9

デジタルアーカイブの現在と
データ持続性

後藤 真（国立歴史民俗博物館）

1. はじめに

　本章では、歴史情報学と関係の深い「デジタルアーカイブ」の現在について説明をし、歴史資料のデジタル化のありようを考えます。極めて関連の深いデータ持続性についてもここで触れます。歴史情報学・人文情報学と「デジタルアーカイブ」は、極めて近い関係ですが、少し違いがあります。人文情報学は、その機械的な研究活用とそこから何らかの人文学的成果を求めるのに対し、「デジタルアーカイブ」は、より広い文化的な活用の文脈などまで含めることが多くなります。また「アーカイブ」の名前の通り、長期的な保存を意識することもあります。

2. 「アーカイブズ」と「デジタルアーカイブ」

　まず、言葉の意味から考えてみましょう。「アーカイブ（ズ）」とはどのような意味を持つ言葉でしょうか。「アーカイブズ」とは、（若干迂遠な説明になりますが）以下のように定義されると考えられます。「（平面的媒体に）文字で、かつ、リニアな言語で書かれた歴史的資料・資料群もしくはその資料群を長

期的に保存する機能(組織)」。日本において、かつて「アーカイブズ」に関する研究は、主として「古文書学」もしくは「史料学」という分野で扱われることが多くありました。古文書学は、戦前に厳密に史料を読み解くことをはじめた時期からすでに起こっている学問であり、その意味において、非常に歴史のある学問です。また、歴史学を本格的に勉強しようとすると、必ず読むことになる佐藤進一氏の『古文書学入門』(法政大学出版局、1971年初版、2003年新装版)なども意識されるのではないでしょうか。「古文書学」はその名の通り、主たる研究対象はいわゆる「古文書」であり、現用文書はもちろんのこと、現用文書が非現用化してすぐのような時代の浅い文書が対象とされることは多くありませんでした。

しかし、1990年代に入り、特に欧米の研究文脈の中で存在した「アーカイブズ」という学問のあり方が日本で紹介されるに至り、その学問の重要性とともに、概念もよく知られるようになってきました。その学問自体は、大きくは記録資料学などといった言葉への読み替えも試みられましたが、その広範な概念を覆いきれないということで、「アーカイブズ学」と呼ばれ、現在に至っています。現在は、アーカイブズ学会や全国資料保存機関連絡協議会(全史料協)、記録管理学会などが中心となり、その研究を進めています。このアーカイブズ学は、多くは公文書の保存と活用を中心として取り扱う学問でした。

このように考えると、基本的には、少なくともデジタルではないものが持つ「アーカイブ」は比較的狭い厳密な概念であることがわかるでしょう。対象とするものは文字の書かれたものであり、考え方としては、長く未来にいかにその情報を伝えるかを主眼にしています。しかし、「アーカイブ」に「デジタル」が付くと、その様相は少し異なります。それは歴史的な経緯が大きく関係しています。そこを見てみましょう。

3.「デジタルアーカイブ」とは

「デジタルアーカイブ」なる語を最初に文化資源について用いたのは、当時、東京大学に在籍していた月尾嘉男氏です。1990年代半ば、月尾氏を中心とした「デジタルアーカイブ構想」が出されました。その中では、以下のように述べられています。「有形・無形の文化資産をデジタル情報のかたちで記録し、その情報をデータベース化して保管し、随時閲覧・鑑賞、情報ネットワークを利用して情報発信」することが目的だったそうです。この目的自体、インターネットが爆発的に普及する以前に提唱されていたのは、まさに画期的といえるでしょう。一方で、この表現からは「デジタルアーカイブ」が持っていた主たる目的が「閲覧・鑑賞・発信」であったことが読み取れます。つまり「アーカイブズ」と「デジタルアーカイブ」はそもそも大きくズレがあったのです。

その後、2003年に出されたe-Japan構想の中でも「デジタルアーカイブ」への言及がなされ、以下のように述べられています。

> 2005年度までに、放送・出版、映画等のコンテンツや、美術館・博物館、図書館等の所蔵品、Web情報、地域文化、アジア諸国との関係に関わる重要な公文書等について、デジタル化・アーカイブ化を推進し、インターネットを通じて国内外に情報提供が行われるよう必要な措置を講ずる（e-Japan構想2003より）

ここでも、主たる対象は、映画や博物館コンテンツであり、公文書については一部を対象としているのみであることがわかります。なお、この「アジア諸国との関係に関わる重要な公文書」の表現が対象としているのは、2001年に開設されたアジア歴史資料センターの公文書類であろうと考えられます。また、この表現からも、「デジタルアーカイブ」は、情報提供を中心に行われるものであり、いわゆる「アーカイブズ」やその理念である保存を主たる対象としていないということがわかります。つまり、「デジタルアーカイブ」は記録資料よりは文化財や文化コンテンツを発信することを意識した用語と

して用いられてきたという背景があるのです。

　また、第1章で触れた情報処理学会・人文科学とコンピュータ研究会が年に一度行うシンポジウム（じんもんこん）でも、中心テーマに「デジタルアーカイブ」を据えていました。2007年までは一貫してその中心テーマに「デジタルアーカイブ」を冠し、2011年には再度「デジタル・アーカイブ再考」をテーマとしています。このシンポジウムでのテーマ設定は、必ずしも内容全体を規定するものではありませんが、当時の研究動向を大まかに読み取ることはできるでしょう。人文情報学研究が、その黎明期において人文学の研究との学際研究を可能とするためには、基礎データの蓄積が重要であるとの認識のもと、このテーマが据えられてきたと思われます。

　この20世紀から21世紀に変わる時期、特に2000年代の前半はまさに「デジタルアーカイブの第一次黄金期」ともいえる時代でした。総務省が自治体に向けて大きく旗を振ったこともあり、各地で多数のデジタルアーカイブができあがったのです。

　その後、2000年代後半にはこの流れは急速にしぼみ、後述する「第二次黄金期」までの約10年間は比較的低調な時期が続きます。その間に、「アーカイブ」といいながらもなくなってしまったものも多数あります。当時の様子がどのようなものであり、現在までにどのような経緯をたどったか確認することで「デジタルアーカイブ」のあり方を考えるヒントにできればと思います。

　以下のようなものが、当時には存在しました。現在、どのような状況であるかも含め、簡単に紹介します（笠羽晴夫『デジタルアーカイブの構築と運用』〈水曜社、2004年〉に掲載されているものなどを中心にピックアップ）。

▶ **石川新情報書府**（当時のドメイン　http://shofu.pref.ishikawa.jp/）

　現在は、石川県産業創出支援機構がサイトを持っています。平成27年度に事業は終了し、当時のドメインからはアクセスできません。HTML・Flash・Quicktimeによるデータがあったようですが、現在はこれらのデータ

は見られなくなっています。

▶ **上田市デジタルアーカイブポータルサイト**（http://museum.umic.jp/）

現在も存続しています。「メディアランド上田」という組織の中にあり、Google によるサイト内検索と HTML による紹介などがあります。また、ここからリンクが張られている先には長野県のデジタルアーカイブをまとめた「信州デジくら」が存在し、こちらも継続的にアーカイブを公開しています。

▶ **青森デジタルアーカイブ推進協議会**（http://www.acci.or.jp/adaa/）

推進協議会自体のページは存在がなくなっています。ただし、青森県商工会議所のサーバの中にあるため、ドメインは存続しています。Web のスナップショットを保存するサービスを展開する Internet Archive による限りは、サイトは 2007 年 8 月までは存続していたようです。なお、このページはあくまでも推進協議会の紹介サイトであり、内部に歴史資料のコンテンツはなかったようです。

▶ **山梨県地域資料デジタル化研究会**（http://www.digi-ken.org/）

現在も NPO 法人として精力的に活動中です。HTML と Flickr を活用して地域資料のレスキューの様子をデジタル化するなど、さまざまな動きが進められています。

▶ **デジタルアーカイブやまぐち**（http://www.dayi.or.jp/）

この事業自体は、特定非営利活動法人「歴史の町山口を甦らせる会」と合併し、解散しています。ドメインは維持。Internet Archive で確認する限り、HTML に加え、wmv 形式での方言の記録に関する動画があったようですが、現在は Web 上では存在が確認できません。

▶ **京都市デジタルアーカイブ研究センター**（http://www.kyoto-archives.gr.jp/）

2004 年に解散しています。ドメインも維持できていない状態です。なお、メインのコンテンツであった、二条城の障壁画については、特定非営利法人・京都文化協会（http://archives.kyo-bunka.or.jp/）で現在も購入することができます（長辺 12000 ピクセルで 6 万円）。しかし、これ以外のコンテンツについては現

時点では不明です。

▶ **山形県デジタルコンテンツ利用促進協議会**（http://www.archive.gr.jp/）

継続的に活動が行われています。HTMLによる写真データと、ram形式のビデオファイルが現在でも閲覧可能になっています。

▶ **東北デジタルアーカイブ研究会**（http://www.digital-museum.gr.jp/）

名称を変えて、NPO法人地域文化アーカイブスとして現在に続いています。支部の数を広げて、東京・山形・島根に支部を持っています。動画などの情報を持つとともに、この研究会が運営を行っている「地域文化資産ポータル」（http://bunkashisan.ne.jp/）は、検索システムを持った動画閲覧のサービスを提供している状況です。

▶ **愛知デジタルアーカイブ推進協議会**（http://www.adaa.gr.jp/）

2006年に解散し、ドメインは存続していません。デジタルコンテンツの中身は確認できない状況です。

▶ **デジタルアーカイブ推進協議会（JDAA）**（http://www.jdaa.gr.jp/）

2005年に解散しています。ドメインも維持されず、自動車保険の見直しサイトになっており、存在を直接的に確認する方法がなくなっています。

なお、その後継団体とされている、デジタルコンテンツ協会もドメインが変更されており、過去のドメインは広告サイトで運用されています（http://www.dcaj.org/）。なお、変更後のドメインでは、現在も活動が確認できます（http://www.dcaj.or.jp/）。ただし、当時、どのようなアーカイビングの活動を行っていたのか、残念ながらはっきりとした記録は残されていません。

▶ **デジタル・アーカイブ・アライアンス（DAJA）**（http://www.daja.gr.jp/）

ドメインなどは残されておらず、詳細は不明です。現時点ではその組織があったということだけは確認できます。

▶ **地域資料デジタル・アーカイブ化協議会**（http://www.gijodai.ac.jp/circ/index.html）

岐阜女子大の中で運用されている協議会でした。現在はサイトでの存在は確認されません。なお、岐阜女子大学の中にはデジタルアーカイブ研究所も

存在し、現在もデジタルアーカイブの教育を強力に推し進めているところのひとつです。後述する「現在のデジタルアーカイブ」でも大きな役割を果たしているといえるでしょう。

　以上、12の「デジタルアーカイブ」について、現状を見てきました。現在も精力的に活動しているところも、残っていないところもあり、さまざまではありますが、「アーカイブ」が現在まで続くことの課題が少し見えてくるのではないでしょうか。このような「第一次黄金期」を踏まえ、現在の状況を見てみたいと思います。

4.「デジタルアーカイブ」の現在

　「デジタルアーカイブ」に関しては、『アーカイブ立国宣言』（ポット出版、2014年）の出版がまさに大きなひとつの出発点であるといえます。これ以来、2019年現在に至るまで、「デジタルアーカイブ」は各地で大きな動きとなりつつあり、まさに「第二次黄金期」が来ているといえるのではないでしょうか。

　現在の「デジタルアーカイブ」を改めて推し進めるきっかけには東日本大震災の存在があげられます。東日本大震災で失われた多くの資料や文化財を未来に継承するために、デジタル技術をもっと用いるべきではないのか、といった問題意識から、「現在のデジタルアーカイブ」はスタートしています。その点では、「第一次黄金期」のころとスタートの問題意識は異なるといえるかもしれません。

　この大きな潮流のうち、学術的な流れは、第1章で触れた通り、現在「デジタルアーカイブ学会」としてひとつのかたちになっています。これ以外にも、日本の政府や国会を含めた大きな動きになっていますので、まずはその状況を把握するようにしたいと思います。

　まず、2003年のものと同様、政府の大方針を見てみましょう。

　③ 文化芸術立国の実現

　「文化芸術推進基本計画」や「文化経済戦略」に基づき、2020年までを

文化政策推進重点期間と位置づけ、文化による国家ブランド戦略の構築や稼ぐ文化への展開、文化芸術産業の育成などにより文化産業の経済規模（文化GDP）の拡大を図るとともに、文化財の高精細レプリカやVR作成など文化分野における民間資金・先端技術の活用を推進する。（中略）文化資源について、各分野のデジタルアーカイブ化を進めるとともに、内外の利用者が活用しやすい統合ポータルの構築を推進する。また、インターネット上の海賊版サイトに対して、あらゆる手段の対策を強化する。また、我が国の誇るマンガ、アニメ及びゲーム等のメディア芸術の情報拠点等の整備について指定法人による取組を促進する。（「経済財政運営と改革の基本方針2018」より）

e-Japan計画と比べてみて、皆さんはどのように考えるでしょうか。

次に関連する動きについて、説明をします。

ひとつは国会議員が中心となって進めている「デジタル文化遺産推進議員連盟」です。自民党衆議院議員の古屋圭司氏を会長とした与野党を超えた議員連盟で、この教科書を書いている現在では「デジタルアーカイブ推進基本法」の提出などに向けた動きを進めています。企業に関しては、デジタルアーカイブ推進コンソーシアム（DAPCON）という組織が存在します。DAPCONは、NTTデータ、大日本印刷などを中心とする企業による「デジタルアーカイブ推進」のためのグループとなっています。また、これ以外にもデジタルアーカイブ機関連絡協議会（DARA）という、デジタルデータを保有する研究機関を中心とする組織も存在します。

また、特にデジタルアーカイブを推進するために、内閣府知的財産戦略本部の中に「デジタルアーカイブジャパン推進委員会」が作られており、この下部には実務者委員会が作られています。この実務者委員会では、関係する組織などを中心として、特に後述する「ジャパンサーチ」に関する実務的なデータの集積方法の検討や、合わせてデータの流通手法の工夫などに関する議論が行われています。現在、この実務者委員会のもとで「中間まとめ」が

出されており、また、これに合わせて「デジタルアーカイブ機関評価のためのガイドライン」が公開されています。これらの動きの中で、最も大きなシステムとして構築されているのは「ジャパンサーチ」でしょう。

「ジャパンサーチ」は、国会図書館が現在開発している日本の文化資源情報をまとめて検索し、公開しようというものです。ヨーロッパの文化資源統合ポータルである Europeana（https://www.europeana.eu/portal/en）を当初はお手本としていたため「日本版ヨロピアーナ構想」とも呼ばれました。「ジャパンサーチ」の基本モデルは、日本全国の「アーカイブ機関」を分野・地域ごとの「つなぎ役」が仲介して「ジャパンサーチ」にデータを提供、一元的に公開することを目指しています。「ジャパンサーチ」の対象は、歴史的なものにとどまらず、漫画やアニメ・ゲーム・放送などもその範囲とし、広く日本の文化資源全体を公開しています。まさに現在進行形のプロジェクトで、2019年2月27日にベータ版が公開されました（https://jpsearch.go.jp/）。

「ジャパンサーチ」と「第一次黄金期」の「デジタルアーカイブ」の大きなシステム上の違いは、バラバラで出すのではなく、総体として見せようという動きが強まったことではないでしょうか。e-Japan 構想の中で見られた「放送・出版、映画等のコンテンツや、美術館・博物館、図書館等の所蔵品、Web 情報、地域文化、アジア諸国との関係に関わる重要な公文書等」については、その方向性は大きく変わらないかもしれませんが、これらを統合的に見せる動きになってきているのは重要なことでしょう。

そして、もうひとつ極めて大きな動きは「オープン化」です。つまりオープンデータの傾向が強まったことで、文化資源のデジタルデータもオープンなものとして出していこうという動きが、この「第二次黄金期」の中では極めて重要なモチベーションになっています。オープンデータ、つまり自由に複製・加工し、機械的な再利用などを文化財の情報についても自由に行えるようにしていこう、という動きがあります。特に、Creative Commons（CC）を用いたデータ公開が進められています。現在の「デジタルアーカイブジャ

パン実務者検討委員会」では、CC0（すべての権利放棄）や CC BY（著作者の氏名を表示することで、複製・加工などを許諾）などを特に推奨し、一部のものについては Right Statement.org を応用する方向で議論が進められており、近くまとまった推奨版が出されるようです。

　この文化資源情報のオープン化は、歴史情報学にとっても極めて重要なことです。コンピュータで歴史資料を解析する場合に、権利などで複製や加工が認められないとなると、その研究自体が困難になることも想定されます（2019年1月施行の改正著作権法でだいぶ利用が便利になりましたが）。しかし、オープンデータであれば、それらを気にせずに進めることができます。オープン化の流れは今後も促進していくと思われます。オープン化によって、資料へのアクセス増加が見込まれ、資料を提供する側もメリットが大きいことが最近浸透してきました。一方で、オープン化の懸念であった「悪用される」といった事例は、現時点でも出てきておらず、現在はメリットのほうが大きくなっているといえるでしょう。

5.「デジタルアーカイブ」の持続性

　このように大変に活発な動きのある「第二次黄金期」ですが、課題がないわけではありません。それは「持続性」です。第一次デジタルアーカイブに対して、第二次デジタルアーカイブは、保存を課題としていました。しかし、その「保存」に関してはまだ手探りな部分が多いのが実情です。最後に、その持続性について「アーカイブ」とはどのようなものかを考えておければと思います。

　特に「第一次黄金期」の結果から見えることは以下の通りです。

1. 当時の「デジタルアーカイブ」が、「アーカイブズ」や博物館の要請という具体的な課題に応えたものであるというケースは必ずしも多くなく、むしろ補助金を中心とした、伝統産業振興策の一環として位置づけられたものが多かったようです。これは、政策全体がそのようなものであったこと

は否めませんが、その中で、いわゆる GLAM や大学などが関与しているものの数は多くありません。ただし、それらが関わっている「デジタルアーカイブ」のほうが多少残りやすい傾向はあります。

2. 政府系であったり自治体系であることが、必ずしも安定した「アーカイブ」になることを意味しないのも特徴です。特に、当時の「デジタルアーカイブ」の中でも、大きな予算を確保したであろう組織からなくなっているようにも見受けられます。一方、NPO などで着実に進めているところは残っており、データも存在しているものが多い傾向があります。公的機関がデジタル系の仕組みを運用することが、必ずしも長期持続を意味しないことは先行研究もありますが、「デジタルアーカイブ」も同様の傾向であるといえるでしょう。

3. 当時のものは動画が多いです。多くの第一次デジタルアーカイブでは動画を運用しており、古い物品類の画像やメタデータに興味が向いている例が多くないことがわかります。しかし、動画の形式が安定していないこともあってか、現在の環境では閲覧が困難になり、そのままなくなってしまったものも少なくないようです。また、動画に適切なメタデータがついておらず、移転してしまった結果、見つけられないものもありそうです。

4. ドメインの維持と、コンテンツの維持には密接な関係があるようです。サーバを変え、データを移行しても、その際に適切なポインタを示せるかどうかが重要になっています。

このように考えると、「デジタルアーカイブ」を「アーカイブ」として保存するための考え方はいくつか見えてくるようです。

A. URL ないし適切なランディングページの維持

とりわけ、URL をいかに維持するかは、重要な課題となります。最低限、そこから移行するにせよ、ポインタを示すことが重要であり、それにより残されるということは、十分に考えられる必要があります。その点において、具体的にはデータへの DOI（Digital Object Identifier）の付与は重要な解決方法

になり得るでしょう。これ以外にも、なるべく時限的なドメインは使わない、もしくは適切な移行方法を確保するなどが求められる手法となります。最近はドメインその物をハッシュ関数による計算値で持ってしまおうといった技術的検討も見られます。

B. データ形式の整理

　2000年代前半に比べると、デジタルデータの中で長期的に維持できるものと、そうでないものの傾向がある程度見えてきているのも事実です。少なくとも Web 上での資料公開が進む段階で、以下のファイル形式については、おおむね下位互換を維持しつつ、長期的に利用可能でしょう。

・テキスト（もしくは XML など）

・PDF

・TIFF などの非圧縮の画像ファイル（解像度などの問題はなお残る）

　これらのデータ形式は、細かいバージョンや文字コードなどの変容を含みつつも、おおむねデータだけのマイグレーションを施すことで、維持が可能なものとなっています。一方で、以下のようなデータ形式は、まだ安定しているとはいいがたく、長期的保存という観点からは、なお慎重な立場をとるべき部分であるといえるのではないでしょうか。

・3D のデータ形式

・動画

・いわゆる「高画質」の画像（画質そのものが、時間が進むにつれて陳腐化する）

　これらのデータそのものが持つ、時間的特性に即して、データを作成する必要があります。動画は、多くのデータが「残っているような残っていないような」状況になっています。また、画像もサムネイルなどがある場合にも、現在の画面解像度でどこまでの情報があるかというと、やはり厳しいのではないかといわざるを得ない部分があります。また、これらのデータ形式については「デファクトスタンダードがどれになるか」といった情報を常に得ておくことが必要でしょう。

C. オープンデータはどれほど持続性の解として持ち得るか

　第二次デジタルアーカイブの重要な成果として「オープンデータ」をあげました。そのメリットは極めて大きなものです。オープンデータは持続性という点も見るべき点があるのです。それは、多くの人が複製を持つ可能性があるということで、ある「デジタルアーカイブ」がなくなっても、その複製を誰かが持っていればデータそのものは生き残る、ということです。では、持続性はこれで解決するのでしょうか。Aのように適切なURLを失い、ポインタのないデータだけが残ることで、どこまでそれを持続的といえるかは難しい部分があります。また、データ保存という観点では消極的な解決手段（誰かが持っていてくれるかもしれない）ともいえます。データはあればよい、はひとつの重要な解ですが、その際にはやはり一定のコンテキストも保存する必要がありそうです。

D. データとシステムの分離の重要性

　長期的なデジタルアーカイブシステムとして維持する場合には、データとシステムをいかに分離して持つかも、重要な課題となります。とりわけ、画像や目録などのデータは、システムの平均的な更新期間である5年より長いことは、おおむね了解されるでしょう。その際にシステムに依存したデータを作ることで、システムの陳腐化とともに、データそのものが陳腐化してしまい、結果的にデータがアーカイブされないという事態が起こりえます。そのため、システムとデータとは分離すべきであり、かつ長期的に保存するためには、データ形式を長く持たせるように、同時に、形式をよりデファクトスタンダートに近いものとしておくことで、マイグレーションを容易にしておくことが肝要になります。

　これらの解決のためには、OAIS参照モデルというデータの持ち方が提唱されています。データを原データと提供データに分け、原データを保存し、マイグレーション可能にすることで、長期的な維持を目指しています。

6. デジタル「アーカイブ」を考えるために

　このようなデータ保存については、iPresという学会があり、そこではデジタル保存（Preservation）について、多くの研究が行われています。ここでも触れられていることは、データを保存するためには技術だけではなく、総合的な運用モデルが必要である、ということです。システムだけではなくデータなどのスタンダード、データ形式やその持ち方、場合によっては予算などに至るまでの総合的な運用が求められるとともに、そこには関わる「人」自体も重要な要素となっています。歴史情報学という中で、歴史資料のデータを長く維持し、未来の人にも開かれたデータとしていくためには、技術を知った上で、さまざまな要素を学ぶ必要があります。

column.3

さわれる文化財レプリカとお身代わり仏像
― 3D データで歴史と信仰の継承を支える ―

大河内智之（和歌山県立博物館）

1. はじめに

　博物館における模写・模造・複製は、実物資料を保護しながらその価値を伝えるために必要なツールとして活用されています。ただし、実物資料の単なる代替用展示物という役割にとどめず、あらゆる人と博物館をつなげ、文化財を未来へとつなぐための「博物館資料」として、新たな技術も含めた活用の可能性を探っていく必要があります。

　立体物の複製にあたっては型取りによる製作が一般的ですが、3D スキャナーによる計測と 3D プリンターによる出力は、非接触であることで作業が簡便かつ効率的で安全性も高く、また比較的安価に立体化が可能です。和歌山県立博物館では、和歌山県立和歌山工業高等学校、和歌山大学教育学部との連携により、これまでに多くの 3D プリンター製文化財レプリカを作製し、活用しています。その目的はふたつ、展示のユニバーサルデザイン化と、文化財盗難防止対策です。博物館における資料の三次元情報の活用と実践について、その意義とともにご紹介します。

2. さわれる文化財レプリカによる博物館展示のユニバーサルデザイン化

　博物館や美術館、資料館、動物園、水族館など大多数のミュージアムでは、主に資料を目で見て、解説を読むことで情報を得られるように展示を構築

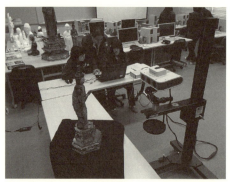

図1　3Dスキャナーによる計測

図2　CADソフトによる3Dデータの調整

しています。そのため視覚に障害がある人（見えない人、見えにくい人）にとっては、ミュージアムはバリアそのものであるという問題があります。ミュージアムはあらゆる人びとに開かれ、活用される場でなければなりませんから、障害のある人びとの利用が、受け入れ側の準備不足によって制限されることのないよう、公共空間であるミュージアムではこうした状況の改善を図っていく必要があります。

　改善の方向性として、実際に実物資料にさわれることを提唱し、その展示手法の効果の大きさについての実践的提起もなされています[01]。ただ資料はさわることで劣化し、歴史的価値や美術的価値を減少させてしまいますので、劣化を亢進させる鑑賞手法は、脆弱で破損の危険性のある資料や、代替不能資料にまで広げることができません。そこで、さわることを目的としたレプリカの作製が、解決策のひとつとして想定されることとなります。和歌山県立博物館ではこうした問題意識のもとに、和歌山県立和歌山工業高等学校と和歌山大学教育学部と連携し、3Dスキャナーと3Dプリンターを用いた文化財レプリカの作製を行っています。

　製作の流れは次の通りです。①3Dスキャナーを用いて資料をさまざまな角度から非接触で計測する（図1）。②得られた3Dデータを、CADソフトを用いて必要に応じて修正を施す（図2）。③完成した3Dデータを3Dプリンター

に入力しABS樹脂・ASA樹脂などにて出力する（図3）。④下地処理（表面研磨など）ののち、アクリル絵の具を用いて表面を彩色する（図4）。一連の作業については、文化財の取り扱い全般は学芸員が行い、データ計測やデータ修正などは高校生との共同作業で、着色作業は大学生が行っています。高校では正規の授業カリキュラムに組み入れて実習として行い、大学生はミュージアムボランティア制度による社会体験として作業に携わってもらっています。

図3　3Dプリンターによる出力

図4　アクリル絵の具による着色

このさわれるレプリカとともに、特殊な透明盛り上げ印刷による点字と触図を通常の印刷に重ねたさわって読む図録を活用した「さわれる展示」を、博物館ではエントランスホールや常設展示室などに設置しています（図5）。見学した和歌山県立和歌山盲学校の生徒からは「ただ説明を聞くだけだとわかりにくいが、さわったらよくわかった。もっとさわりやすく、わかりやすいものになって他の障害者の人たちにも来てほしい。見えている人の中に入って一緒に楽しめるのがうれしい」という感想を得ています。

　重要なのは、このようにして作った展示は、視覚に障害がある人だけが利用しやすいのではないということです。さわれるレプリカは、誰もがさわって、使用することのできる資料です。触覚による情報、資料の裏側の情報な

図5　さわれる展示のようす

ど、見るだけでは得られない豊富な情報を得ながら資料に興味を持ってもらう中で、地域の歴史や文化の魅力をさらに深く知ってもらうことにつながると考えています。

　ユニバーサルデザインという概念では、誰もが公平かつ柔軟に利用できること、シンプルで直感的に使えること、情報が認知しやすいこと、失敗に対して寛大であること、身体的な負担が少ないこと、使いやすいサイズや空間であることなどが原則とされます。すなわち、従来、ミュージアムにとって情報を届けることが難しかった、視覚に障害がある人に向けて情報を発信するツールを作製したことで、結果的に、誰もが使え（公平性）、自由に楽しみ（柔軟性）、触覚による多くの情報と（直感的な情報の認知）、簡単かつ丁寧な解説に接し（シンプルさ）、破損による影響も少ない（失敗に対して寛大）展示資料を用意することにつながったといえます。

　ミュージアムにおける展示のユニバーサルデザインとは、誰にとっても鑑賞の困難がなく、満足できる環境を構築することです。それは施設のバリアフリー化だけの問題ではなく、展示そのものにある「バリアー」にも自覚的

でなければならないでしょう。物理的な障壁、心理的な障壁のない、誰もが快適に利用できる理想的なミュージアムを目指す上で、資料の三次元情報は効果的に活用し得るものと思います[02]。

3.「お身代わり」仏像による盗難被害防止対策

　現在、寺院や堂舎、あるいは神社や小祠に伝来する仏像などの文化財が換金目的で盗難被害を受ける事件が多発しています。和歌山県の事例では、平成22年（2010）から23年にかけての1年間で、約60カ所のお寺やお堂から、安置されていた仏像172体などが盗まれるという空前の被害が発生しています。仏像の美術的価値、歴史的価値の高さに老若男女を問わず関心が集まっている一方で、インターネットのオークションサイトといった売買方法の多様化によって需要の層が広がったことで、古美術品市場が広がり、盗み取って供給する卑劣な犯罪者が出現しているのです。

　そしてもうひとつ深刻な要因があります。集落の高齢化と過疎化の問題です。仏像が盗まれた寺院や堂舎の多くは山間部などの小さな集落にあり、住民数が減少し、かつ高齢者の割合が高く、その管理が難しくなっています。実際に仏像を盗まれた地域の人たちは「まさか盗まれるとは思わなかった」と語られます。しかし残念ながらこうした被害がいつどこで起こっても不思議ではない状況となっています。

　防犯対策の強化が喫緊の課題ですが、周辺に人家もなく、また電気も通っていないなど、対策自体が効果を発揮しないところもあるのが実情です。仏像自体を別の安全な場所に移すことも効果的ですが、信仰対象の不在は信仰環境の変容につながることですので、心理的に容認しにくいのも当然のことです。そこで和歌山県立博物館では、前節で紹介した文化財の複製を活用して、防犯対策を行いつつ信仰環境の変化を抑制する実践的な取り組みを行っています。

　製作方法は前節と同様です。その仕上がりは実物と並べても遜色ない出来

図6　実物（左）と3Dプリンター製お身代わり仏像（右）

図7　お身代わり仏像の奉納（下湯川観音堂）

栄えで（図6）、平成24年度から平成29年度までの6年間で合計12カ所、25体を現地に安置しており、それぞれ実物は博物館で預かって保管しています。特筆しておきたいのは、完成したお身代わり仏像を、製作に携わった高校生と大学生が現地を訪れて奉納し、地域住民とコミュニケーションをとるようにしていることです（図7）。生徒・学生と顔を合わせ、苦労や工夫を聞き、またそれをいたわり感謝を伝える中で、「複製」が新たな物語を背負っていることを実感し、受け入れへの心理的ハードルが解消される効果があります。実は「お身代わり」という言葉も、そうした交流の中で地域住民から発せられた言葉です。

　こうして安置したお身代わり仏像について、地域住民からは「これで夜も安心して寝られる」「本物と思って大切にお祀りする」といった感想をいただくなど好意的です。信仰の場や信仰の対象を継承していくことは、当事者にとってそれだけ深刻で責任の重い問題であるということなのです。もちろんこうした対応は盗難が多発する緊急事態における対策として行っているもので、本来そのままの環境で維持・管理されていくことが最善であるのはいうまでもありません。地域の実情に即しつつ、環境を整えて再び仏像を戻せ

ることが、最終的な目標であることを付言しておきたいと思います[03]。

4. おわりに

　3Dデータを活用した歴史研究は、例えば磨崖仏(まがいぶつ)や石造物の測量調査や、銅鏡の同笵品(どうはん)(同じ型を用いた製品)の同定、CTスキャンによる仏像の構造や納入品調査などさまざまに行われており、さらにその活用の範囲は広がることでしょう。本稿では、特に3Dデータを3Dプリンターで立体化することによって、博物館展示のユニバーサルデザイン化、そして仏像盗難防止対策につなげる活動についてご紹介しました。

　博物館は資料を未来へと引き継ぎながら活用(展示や情報化による共有)するために、人(現在の利用者、未来の利用者)と物(有形・無形のさまざまな資料)と場(物が伝来した場、物が展示される場)をつなぐ役割を担っています。歴史資料の複製(レプリカ)もまた、本稿での事例に引きつければ展示資料として、信仰の場を規定する象徴として、人と場をつなぐ機能を有効に発揮し得ることを明らかにしました。

　博物館における3Dプリンターの活用は、本稿で紹介した事例を先駆のひとつとしてようやく進み始めたところです[04]。近い将来、色情報の再現度が高い安価な製品が開発される中でより広汎に活用され、博物館活動にも広がりと深まりをもたらせてくれるのではないかと考えています。

―― 注

[01] 広瀬浩二郎『さわる文化への招待―触覚でみる手学問のすすめ』世界思想社、2009年。

[02] 本章の内容については、大河内智之「さわれるレプリカとさわって読む図録―展示のユニバーサルデザイン―」(『博物館研究』549、2014年)も参照のこと。なお、この取り組みは、平成26年度内閣府バリアフリー・ユニバーサルデザイン推進功労者表彰において総理大臣表彰を受賞している。

[03] 本節の内容については、大河内智之「仏像を守る　和歌山県の事例から考える防犯対策」(『大法輪』85-7、85-8、85-9、2018年)も参照。

[04] 淺湫毅・池田素子・大藪泰・田口肇・中道陽子「新町保存会・地蔵菩薩坐像の複製制作―科学機器と伝統技術の融合による文化財保護の試み―」(『学叢』40、2018年)、斎藤梓・石黒宏治・川上勝・古川英光「3Dプリンターの博物館における活用と展望」(『博物館研究』602、2018年)。

chapter

10

歴史情報学の未来

後藤 真（国立歴史民俗博物館）

1. はじめに

　本書の最後に、歴史情報学の今後の可能性について、いくつかの見通しを示しておきます。情報学はものすごく速度の速い学問です。10年先どころか、5年先を見通すことも難しい部分があります。そのため、簡単に「これはやるべきだ」といったことをいえるものではありません。しかし、いくつかの方向があり、その方向は少なくとも今後数年ないし10年の間に考えるべきことになるのではないでしょうか。この章の執筆者自身、10年後に読んで恥ずかしくなる可能性もありますが、歴史学として、情報学を用いながら「解かなければならない課題」を見てみたいと思います。

2. ディープラーニング？－古文書OCRの研究から考える

　端的にいえば、ディープラーニングの技法そのものは、情報学的にはもはや下火であるという指摘はあります。一方で、人文学への応用は、このような技術という観点からは少し「落ち着いた」あとで適用されることが多いことも事実です。おおむね、現時点の技術で何が可能であり、何が困難なのか判明しつつある中で、歴史学の中からやるべきことは何でしょうか。

　まず、古文書のOCRについては、短期的な課題として取り上げられるべ

きものになっています。すでに息の長い研究ということにはなりにくい側面があるようです。古文書のOCRについては、一定程度の精度までは出るであろうと考えられます。その理由は「ある程度正解がある」ものを対象としているからです。もちろん、人間が手書きで書いたものなので、想定できないものもあるでしょう。しかし、おおむねの場合において正解がある古文書のOCRは、最終的には一定の正解を出すことができると考えます。

そのあとは、実用をどのように行うかの問題になります。どの程度（難易度・範囲）の資料の文字が読めればよいとするのか、読んだ結果をどのように用いるのかなどを整理し、その目的に則したかたちで作り上げることは不可能ではないでしょう。あとは、くずし字の連綿をどのように処理するか、文脈依存で読んでいる場合、元のテキストからの類推をどこまで入れるのか、など個別の方法の問題になるため、「どこまでやるか」「研究のコスト（論文になるか・費用をかけられるか）をどこまでかけるのか」といった程度の問題になっているともいえます。なお、人間は文脈依存でテキストを推定しながら読んでいるから、コンピュータにもその技法がないとできない（まだまだ時間がかかる）といった指摘が見られますが、それは「コンピュータが人間と同じ訓練をしなければ、その文字は読めない」という前提をもとにした指摘です。しかし、囲碁のように、定石など関係なく読ませた結果のほうが強くなり得る状況を考えるならば、人間と同じ手法でなければならないという前提自体成立せず、とにかく大量の正解データが蓄積された段階で、突然「量の暴力」でブレイクスルーが起こる可能性も十分にあり得ます。

一方で、歴史学の側からすれば、そのような「ある程度文字が読めてしまうであろう」状況の中で、歴史学がどのようにふるまうのかを考える必要があります。技術の進歩を止めることは事実上できません。将棋のソフトに対して「人間に勝たないように開発するな」というのが無意味なことと同様です。その上で、人間はどのようにふるまう必要があるのでしょうか。古文書を読むという訓練や教育という側面・価値自体は極めて重要なものとして残

るでしょう。OCR は 100％ ということはあり得ません。最後の正解・不正解を判断するのは人間です。その判定をするためには、古文書が一定程度読める（ここでは文字が読めるというだけではなく、古文書の返り点などを正確に把握するとともに、内容を理解することができるなどを含めた意味での「読む」）必要はあるでしょう。

　では、その訓練はどのような人を対象にどのような規模で必要なのか、などを考える必要も出てくるかもしれません。場合によっては OCR と適切な「対話」ができる人がより重要視される場所も（数は多くはないと思われますが）出てくることでしょう。歴史学は「古文書を読む」ことの意味を、そこから先の最終的な歴史的事象を明らかにするプロセスまで含めたその中で、明らかにする必要が生まれてくると思われます。

　このように考えれば、この古文書 OCR の研究を取り巻く状況は、歴史情報学の研究を始める際に行うべき確認事項を端的に表しているともいえます。以下、整理しましょう。

▶ テーマ選び

　最終目的として正解のあることをコンピュータにやらせるのかそうでないのか。コンピュータは、期待された目的に対して一定のインプットを行い、アウトプットを得るまででしかありません。そのアウトプットにどこまで期待をするのか。それとも、その IN → OUT の過程そのものを研究対象としたいのか（発見系の場合でも、検索して得られたデータにどこまでのものを期待するのかなど）などが主要な論点となります。どの方向に向かうのかを考えることが必要です。

▶ アプローチ

　上記の最終目的に対して、どのようなアプローチを行うべきなのか。例えば、人間がこれまでやってきた手法や考え方をトレースするような形式で行うのか、それとも、まったく違う手法にアプローチするのか。まったく違う手法である場合には、正解の設定をどこに置くのか、テーマに合わせて考え

る必要も生じます。この部分では、先行研究のリサーチが密接に関わってきます。

▶「出口」

テーマ選びと密接に関係しますが、最終的にどのようなものを作り上げることを目指すのか。アプリケーションとして作り出すことを考えるのか、技術的な部分だけでよいのか。最終的なサービスとする場合には「どの水準で」出すことにするのかを考えなければなりません。

▶「出口」のさらにその先

現在、歴史情報学の個別成果だけで、何か具体的なものになることはありません。その先に、どのようなことを見越すのか、歴史学・情報学のどちらの側に成果を残すのか、などを考える必要があるでしょう。そして、特に歴史学の中で考えるならば、その成果は最終的に歴史学全体のどこに位置づけられるのか、歴史学の研究の中身だけでなく、ふるまいなども変えることになるのか、などを考えることが必要になるかもしれません。そして、やや循環的に考えるならば、この出口の先を考えること自体をひとつのテーマにすることもできるでしょう。

また、検討するための技術の選び方もこの事例から考えられるでしょう。ディープラーニング自体は、「求められたある種の答えを出す」ことには長けています。これは、ほかのコンピュータ処理と同様であるといえるでしょう。しかし、その過程が必ずしも明確ではなく、「なぜその答えになるのか」は、わかりにくいのが特徴です。このような状況の中でディープラーニング（世間がよくAIといっているもの）の、可能性と限界は指摘されるようになってきました。一方で、比較的どのようなものにでも使える（ように見える）ので、その結果がさまざまな倫理的問題を引き起こしてきたことも事実ですし、社会のさまざまな部分に影響も与えてきました。そのような技術的な可能性と限界が見えてきた上で、古文書OCRとしては使えるのではないか、という方向で研究が進められているともいえます。現時点では「古文書の文字をよ

む」ことはできても「古文書の文章を読む」ことはできません。このように考えれば、既存のさまざまな技術の中で、何を用いるべきかというヒントの事例を、ディープラーニングを用いた古文書 OCR は示しているといえるでしょう。

3. データプラットフォーム－歴史情報データの未来

次に、歴史情報データそのものがどのようなかたちになるかを考えてみたいと思います。まず、オープンデータ化については、その流れは当面続くでしょう。歴史資料のデータを用いて研究すること自体が、学問の肝となる以上、歴史情報学や人文情報学にとってもオープンデータ化は欠かすことができません。しかし、そのオープンデータ化そのものは研究とはなりません。もちろん、法制度的な課題として研究することは十分にあり得ますが、それはどちらかというと法学などの領分になるでしょう。また、図書館や博物館などの経営論の文脈においてはあり得るかもしれません。

歴史情報学の文脈で重要になるのは「データ形式のスタンダード」の問題です。これまでは、メタデータとしてどのようなものを用いるべきか、といった研究は多くなされてきました。それは複数のデータベースでどのように運用するか、もしくは情報をどのように発見するかという観点で重要であったからですが、近年は、メタデータを統一せずとも検索や発見が十分に可能になったこともあり、研究としては多くなされていません。しかし、RDFやTEI・IIIFなどといった規格のスタンダードをどのように応用して研究するかは、まだ重要なテーマです。特にTEIやIIIFに、日本・東アジアの資料をどのように標準に適用させていくかなどについては、国際的には重要なテーマであるといえるでしょう。ただし、いずれも、単に適用したりその中の課題を論じるだけではなく、それを超えた「波及効果」まで検討して、はじめて論文となる点に注意が必要です。

同時に大型のデータベースなどの設計を考えるようになると、デファクト

スタンダードを多く用いる場合に、「どこにデータを置くか」という問題が生じてきます。一般に歴史資料は、「歴史資料は本来のあるべき現地に」という考え方が進められてきています（これを現地主義などと呼びます）。しかし、データはどこにあっても見られることが最大の特徴ですので、技術的な観点からは必ずしも現地に置く必要はないのです。かつてのシステムのように、データとシステムが不可分の存在であったならば、データを最もよく知る人の場所にシステムがあり、そこで運営されるのが望ましかったといえるでしょう。しかし、デファクトスタンダードを中心としたデータで、かつシステムとデータが分離し、さらにクラウドでサーバを運用するとなると、少なくとも現地に置く必要はなくなります。本当に必要なことは、現地の人びとが、その資料にアクセスできることなのですから。

　では、物理的な場所はともかく、考え方として「どこ（組織など）に置くべき」なのでしょうか。これは、今後の巨大なデータプラットフォームを考える上で重要な課題です。究極的にはすべてのデータが単一のプラットフォームに置かれ、そこから必要に応じてAPIなどでデータを取得し、自分たちに必要な研究（例えば、その巨大なプラットフォームの中から必要なものだけを検索できたり、データを取り出して解析するなど）をできれば問題ありません。基本的には資料を読みデータ化する「作業」があれば、データを提供する側はそれで解決となります。

　さらにもう一度、「それでよいのでしょうか？」という問いを考えてみる必要があります。例えば、すべてGoogleにデータを集約させてしまえば、問題ないのでしょうか。Googleはある日突然サービスを終了するかもしれません。海外にデータがあることを問題と思う人もいるでしょう。では、日本の公的機関がひとつのサービスを提供すればよいのでしょうか。公的機関であれば確実に持続するというわけではないということは第9章で述べた通りです。では、コピーがあれば解決するでしょうか。

　実はそこまで簡単ではない、ということを、本書をここまで読んだ方は理

解いただけるのではないかと思います。目録の情報を作り、それを効果的に発見するようにするためには、歴史学の知識が多く必要です。また、TEIとしてデータを作り公開するためにも、その資料の知識を理解し、データとして表現することが強く求められるのです。また、IIIFはデファクトスタンダードではありますが、その哲学は分散型にあると考えます。このような「Webの本来あるべき姿」としての分散なども、検討すべき要素としては重要であると考えます。そのためには、データをどのような組織（場）に置くべきかは、検討すべき重要な課題となるでしょう。今後、わたしたちがデータを使うためのよって立つ基盤をどのようにしたいのか、歴史学がどのような位置に立つのかという点と合わせて考える必要があります。その立ち位置が見えてくると、特に発見系の研究については、何をどこまで進めるべきかといったことが見えてくるのではないでしょうか。

4. 歴史情報に関わるデータや情報の持続性

次にトピックとしてあげておきたいのは歴史情報に関わるデータや情報の持続性の研究です。この分野は議論も多くなされていますが、実際にはまだまだやることの多い分野です。第9章でも触れましたが、単に技術の問題でもなく、一方で運用などだけで処理できる部分でもなく、極めて難しいかじ取りがあるのも事実です。ここでは、いくつかの論点を列挙するにとどめます。

まずはデータの持続性です。この件に関してはデータ形式の問題や、データそのものの安定性、もしくはURLなどの問題も入ってくるかもしれません。その点ではDOIの付与手法や、リポジトリに関わるシステム開発も検討対象になり得るでしょう。分散型でデータをブロックごとに保存・記録する一連の技術であるブロックチェーンでデータを保存する可能性などについても、今後の研究のテーマとしては重要になると思われます。

そして、データを載せるための媒体の研究です。これは歴史情報学や人文情報学というよりは、純粋に工学の分野に近くなる部分も大きいです。どの

ようなものを選択して、実践していくかという点においては、デジタルアーカイブと密接に関連した「運用」の研究としては、成り立ち得るかもしれません。実際に大量のデータをクラウド環境に置くのは、回線の速度やコスト面、バックアップや非公開データの取り扱いといった観点からも現実的とはいいがたい部分もあります。特にWeb公開ではすぐに用いないようなデータ保存などについては、媒体の研究そのもの、そしてそれをキャッチアップするための運用などの研究は重要になるでしょう。

さらに、ここに運用の問題が関わります。運用そのものは第9章で述べたように、純粋に歴史情報学の課題ではない部分があります。しかし、例えばどのようにデータ化をした記録を残すか、研究の意図そのもののドキュメンテーションなどは、ひとつの重要なテーマになり得ます。現在、歴史情報学に関わる研究でも、歴史学者のノートなどを史料として取り扱うという話題も出てきています。同じように、データベース化の歴史そのものを、歴史情報学の中で取り扱う可能性もあるかもしれません。

5. 研究成果のアウトプット

次は話を少し転換して、わたしたちの研究成果の出し方などといった、ややメタな視点に触れます。学術論文の執筆は、研究成果を出すという観点では基本です。これは、世界共通の「学術の作法」であるといえます。まずは研究成果の最終形を学術論文とすることは、当面は変わらないでしょう。一方でその学術論文のありようは大きく変わってきています。特に研究速度の速い、情報系の研究では学術論文ではすでに「遅く」なってしまっており、権威ある国際会議での発表などが最重要視されるという現状があるのは確かです。そのような状況の中で、学術論文について、まとまった雑誌の形態ではなく、査読が終わったものから随時公開していく形式や、プレプリントの状態で速報的に出していくといった形式が模索されつつあります。すでに『情報知識学会誌』は、J-Stageの早期公開制度を利用しており、速やかな公開を

目指しています。おそらくは、同様の動きがほかの学会でも起こってくるでしょう。

　もうひとつ重要な動きとして、「データ論文」を作るべきであるという流れもあります。データ論文とは通常の論文とは異なり、データそのものを掲載するとともに、データの意義を解説したものです。歴史学の側から見れば「資料紹介」を論文として取り扱おうという動きとするのが最もわかりやすいでしょうか。データを作ったその結果を学術論文にするためには、データのみではなく何らかの具体的な研究上のアウトプットを求められることが多いため、データを作る労力が業績に見合わないことがあります。そのような問題点を解決しようと、検討されているものです。歴史情報学・人文情報学では、現時点ではこのようなデータ論文は存在しませんが、データを作ることの重要性が指摘されている現在としては、作ることが望まれるものです。近い将来には、このようなデータ論文を最終的なアウトプットとして目指す研究も可能になるかもしれません。

6. これまでと違う未来？ー情報学の手段として歴史学を使う

　本書で述べているのは、第1章で述べた通り、歴史学の課題解決に情報技術を用いる研究です。しかし、同じく第1章で述べたように、現在はほとんどありませんが「情報学の課題解決に歴史学を用いる」研究は、可能性としては当然あり得るのです。

　現在、ディープラーニングを中心として、さまざまな研究が進められてきています。その中には社会的な課題に直結するようなものもいくつか生まれてきています。写真の判定で人種的な問題が表出したこともありますし、差別的な発言を連続して行うボットができたこともありました。このような状況に対応するために、歴史学の知見を活かすことは考えられます。歴史学は、差別などの社会的問題に深く取り組んできたのです。しかし、まだコンピュータなどでの実装に組み込むような試みは一切行われていません。それは、歴

史学者が単にディープラーニングなどの技術を理解していないというだけではなく、実装の中に組み込めるような「かたち」を作れていないということもあるでしょう。出てきたものに対して、単に評論的なコメントをするような討論だけではなく、自分たちの仕事がどのような理論で考えられているのかを「パッケージ化」することが求められるでしょう。そのような取り組みを行うことで、「情報学に使える歴史学」が生まれてくる可能性は十分にあり得ます。また、このような考え方をさらに進めれば、歴史学全体が社会の中に再度戻っていくようなヒントにもなるのではないでしょうか。

7. 総合資料学と歴史情報学の未来

　最後に、総合資料学について触れておきます。総合資料学も、新たな学問として踏み出す以上は、当然「未来の歴史情報学」のひとつになれることを目指しています。総合資料学の中で作られている歴史情報学の仕組みは「場の創出」にほかなりません。データをつなぎ、システムで公開、そのデータを活用した研究を行い、その研究成果をシステムに入れるという、ある意味では、古典的ともいえる研究のプロセスを、広く歴史資料のネットワークの中で作り出していくことが目的です。そのために RDF による Linked Data というデファクトスタンダートのシステムを用い、IIIF による画像情報のネットワークを作るという構成になっています。

　ある意味では古典的な構成なのですが、歴史学のありようを可視化し、そこに多くの研究者やデータが集うことで、新たな研究の「芽」を作り出すことを目指していることが特徴です。歴史学の「エコシステム」を外にひらき、可視化することで歴史学の可能性や未来を明らかにすることを目指しています。Web の世界はある意味では「場」の転換を行ってきたといえます。その点において、歴史学に関わる論文の電子化なども、おそらくは場の転換をもたらすものになるといえるでしょう（残念ながらまだ十分とはいえませんが）。同じように資料をめぐる場を作り直すことで、その転換をもたらすことが重

要です。これまでの多くのデータベースは参照するものを紙からWebへと転換しただけで（それだけでも実際には十分画期的なのですが）、その先にあるものまでは転換したとはいえない状況でした。複数の資料をつなぎ、研究データや論文とつなぎ、機関と機関とをつなぐことで新たな場を提供するとともに、実際の研究や教育の場も含めて提供することで、新たな研究へと結びつけるための可能性をひらいています。

現時点では、決してスマートとはいいがたい手法ではありますが、歴史情報学が、広い意味での歴史学に対して「役に立つ」ことを目指すのであれば、このような手法も十二分に考えられるのではないでしょうか。総合資料学が当初発案された背景の中には、東日本大震災を踏まえた文化財情報の保存という課題もあります。実際、歴史資料を保全するために必要なことは、組織や人のネットワークであり、それを支えるためのインフラであることもわかってきました。そのようなインフラのひとつとしても、このような仕組みは必要になるでしょう。

大規模なデータのインフラを新たなかたちで作り出すこと、そのこと自体が生み出す未来の研究の可能性、その可能性の創成を総合資料学は「未来の歴史情報学」として定義しているともいえるでしょう。

8. 歴史情報学の未来・歴史学の未来

もちろん、このようなものだけではなく、おそらく5年後には、今まででは想像もつかないようなトピックが出てきていると思われます。歴史情報学が「歴史学の課題解決に情報技術を活用する」ものであっても、「情報学の課題解決に歴史学の知見を活用する」ものであっても、歴史資料を誤ることなく用い、そこから生まれてくる新たな知見をもとに社会に広く貢献するということ自体には変わりはありません。

歴史学や人文学がさまざまな場所で「苦境」とされている現在だからこそ、歴史情報学のような学問が求められているといえます。歴史学の資料や

知、その思考を可視化し、社会に伝わるかたちにして届ける力を歴史情報学は持っています。歴史学の持つポテンシャルを、うまく伝えるような学問として、新たな可能性を見つけ出してもらえればと思います。

おわりに

　本書は、国立歴史民俗博物館（歴博）が行う基幹研究プロジェクト「総合資料学の創成」の中で、特に歴史情報学（人文情報学）を学ぶための教科書である。総合資料学とは、歴史資料への人文・社会科学と自然科学の分析について、さまざまな学問分野からの統合的アプローチによる研究を行うことを通じて、異分野連携・文理融合を図り、新たな知の発見につながる学問分野の創成を目指す学問である。この異分野連携の基盤として、情報技術を用い、歴博のみならず各大学の所蔵する歴史資料もネットワーク化して共同利用可能にした情報インフラストラクチャを構築することも、本事業の中に含まれている。

　上記の事業を達成するため、本事業は歴史学の研究に基づいた資料の情報基盤を作る「人文情報ユニット」、その情報基盤を活用し、多様な分野の研究者が歴史資料を用いて研究を行う「異分野連携ユニット」、そしてそれらの成果を大学教育や地域への展開へと結びつける展開を行う「地域連携・教育ユニット」の3つのユニットによって進められている。

　歴博をハブとして、複数の大学による資料情報基盤の高度なネットワークを構築し、それをもとに分野を超えた研究を行い、その成果を大学教育や地域に展開することが全体の目標である。さらに、それのみならず、大学教育や地域連携・展示などで見えてきた課題を研究に還元し（これらの営みを歴博では「博物館型研究統合」と称している）、研究で作られた知見やデータを情報基盤に還元する、つまり情報基盤（共同利用）⇔異分野研究（共同研究）⇔地域・教育展開（大学への貢献）という全体で循環をなす構造を作っている点も特徴である。

本プロジェクトも、本書の出版段階で3年間を終えたことになる。本プロジェクトは6年間計画で進められており、ちょうど折り返しの段階である。この段階で総合資料学の一部をなす学問のひとつの「枠」を提示できたことは大変にありがたく思っており、本プロジェクトに関係する歴博館外・館内を含む多くの皆さまへは心より感謝を申し上げたい。

　そして、後半の3年間、また状況が大きく変わるであろうと考えている。ひとつにはプロジェクト自体が、新たな局面を迎えることになり、より具体的に多様な分野のデータを入れられるような仕組み作りが求められるであろう。歴史資料の多面性を見せるための人文情報学的なシステムとはどのようなものかなどを、考えさせられる局面も多く出てくると思われる。また、第6章で天野氏が触れたように、今後は歴史文化資料をいかに災害時や平時の消失から守るのか、そしてそれらを地域における社会や文化に活用していくのかなどといった課題とも向き合うような、新たな歴史情報学のかたちが求められるようになるであろう。

　もうひとつの点としては、プロジェクトを超えた歴史情報学・人文情報学を含む学問全体の文脈もまた大きく変わると考えられる。第10章でも触れたように、デジタルに関わる業界の状況変化は非常に速い。3年の間でも、オープンデータにまつわる状況は大きく整備され、ジャパンサーチのような大型ポータルが完成するなどの変化があった。今後3年間でも、それらの状況は次々と変化し、まったく異なる状況が3年後には生まれているであろう。特に、歴史のデータの最も基盤となる部分をどのように維持するのかなどは、このプロジェクトに関わっては大きな変革があるかもしれない。

　そのような変化のただなかで本書は編まれている。「はじめに」でも触れた通り、編者の一人（後藤）は、10年前に『情報歴史学入門』の編者としても加わっている。『情報歴史学入門』の基礎となる技術部分はすでに古くなってしまっており、やはり時代の変化を感じさせるものである。しかし、その時期において「何を学ぶべきであると考えていたか」という学史を知るため

には、重要な記録になっているとも考えている。学問は単にその中身だけではなく、学史や枠組みを含んだ「メタな視点」も含むことで、大きなディシプリンになるのである。本書も、現在は実用的なものとして、そして将来は学史の中の記録の一部として残ることができれば幸いである。

本書はデジタルデータでのダウンロード版としても作成されている。今後の状況変化に応じて、柔軟に増補・改訂ができればと（個人的には）考えている。無論、さまざまな状況が許せばということにはなるが。

近年、ほぼ定型句のようになっているが、大学や大学共同利用機関をめぐる状況は決して楽なものではない。予算自体はいうまでもないことであるが、日本だけではなく国際的にも過当な競争や研究評価をめぐる問題、人文学の総体的な位置の低下などは進行しつつあり、国内外のあらゆる場所でその苦境を聞く。また、日本を対象とする研究の位置も国際的に着々と下がりつつあり、多くの日本学の講座やポストが減少しつつある。そのような状況から少しでも脱却し、人文学や日本歴史研究、日本資料・日本研究を見せることができるのが、この歴史情報学であると考えている。

最後にこのような書籍を、極めてタイトなスケジュールの中、デジタル版と紙の両者で出版まで結びつけてくださった文学通信には心より感謝を申し上げたい。文学通信による適切な進捗管理がなければ、本書は「絶対に」完成しなかったであろう。

人文学・歴史学にはまだまだポテンシャルが多くある。そのポテンシャルを伸ばし、成果をより見えるようにするお手伝いを、本書や今後の活動を通じてさらに進めていければ幸いである。

編者一同

| 用語集 |

本文中に出てくる専門用語や、補足が必要な用語を解説します。

あ

青空文庫 著作権が消滅した作品や著者が許諾した作品のテキストを公開しているインターネット上の電子図書館。編集者の富田倫生らが発起人となって1998年に活動を開始し、2019年時点では14,000点以上の作品が青空文庫のWebサイト（https://www.aozora.gr.jp/）上で公開されている。

か

コンピュータビジョン コンピューターを利用した画像認識技術およびそれを研究する分野の総称。

さ

時間解像度 連続した存在である時間を、コンピューター上の離散的なデータとしてどれだけ細密に表現できるかを示す精度のこと。

時間情報システムHuTime HuTimeプロジェクトが開発する時間情報解析ソフトウエア。年表や時系列グラフの表示、時間に基づくデータの抽出など、時間情報の処理や分析に関わる多彩な機能を提供する（http://www.hutime.jp/）。

射影変換行列 画像に対する幾何学的変換のひとつ。射影変換を適用することで、例えば横方向から撮影した紙面の画像を、真正面から撮影したように補正することができる。射影変換行列とは、画像データを行列データとみなした際に、射影変換の操作を表現する行列のこと。

セマンティックギャップ 現実世界において人間が理解する意味内容（セマンティクス）と、コンピューター上で世界をモデル化したデータとの間に存在する大きな差異（ギャップ）のこと。例えばデジタルカメラで撮影した写真に対して、人間は容易にその内容を理解し言葉（意味）で表現できるが、コンピューターはその内容をピクセル列のデータとして分析するため、人間

と同様の意味的記述を与えることにはさまざまな技術的困難がともなう。

セマンティックWeb技術　Webページの意味（セマンティクス）をコンピューターに理解可能なかたちで記述することを目的にした技術の総称。World Wide Webの発明者であるティム・バーナーズ＝リーによって提唱された。

た

ダブリンコア（Dublin Core）　デジタルデータのメタデータを記述するための語彙のセット。1995年に米国オハイオ州のダブリンで開催されたワークショップで提案された。"Title"や"Creator"など、メタデータを記述する15種類の基本語彙によって構成されている（http://dublincore.org/）。

特徴量ベクトル　画像や映像、テキストなどのデータを要約する特徴量（feature value）をベクトル表現したもの。画像認識でよく用いられる特徴量にはSIFT、SURFなどがある。特徴量をベクトル化することで、データ間の類似度を計算したり、似た特徴を持つデータをクラスタリングしたりするなどの操作が可能になる。

は

ハミング距離　情報理論の用語で、同じ文字数からなるふたつの文字列の中で、対応する位置にある異なる文字の個数のこと。例えば「11011」と「10001」という文字列のハミング距離は2である（2番目と4番目の文字が異なる）。

パラレルコーパス　ひとつの事柄について記述された言語や表記などが異なるふたつ以上のテクストを、文単位もしくは段落単位で対応させて構築したコーパス。

ピア・プロダクション（peer production）　互いに対等な個人が構成するコミュニティの活動を通じて、何らかの製品やサービスを開発すること。ハーバード・ロースクールの法学者ヨハイ・ベンクラーがインターネット時代の新しい知的生産の形態として提唱した。LinuxやWikipediaはピア・プロダクションの代表としてあげられる。マスコラボレーション（mass collaboration）とも。

分散型コラボレーション（distributed collaboration）
インターネットを駆使することで、多数の人びとが場所的制約にとらわれず特定の目的の達成のために協力すること。

A

API　Application Protocol Interface. あるプログラムの機能を外部のプログラムから利用するために用意されたインターフェイス（窓口）のこと。

ArcGIS　ESRI 社が開発・販売している地理情報システム（GIS）ソフトウェア。地理情報を収集、整理、管理、解析、伝達、配布するためのさまざまな機能を実装している（https://www.esrij.com/products/arcgis/）。

Awesome-IIIF　IIIF に関連するツールやソフトウエアなどの情報をまとめたレポジトリ（情報の集積所）。ソースコード共有サービスの GitHub 上で公開されている（https://github.com/IIIF/awesome-iiif）。

B

BRIEF　Binary Robust Independent Elementary Features. 画像データの特徴を記述する手法のひとつ。浮動小数点数ではなく二値コード列を使って特徴を記述する。二値コード列のハミング距離は高速に計算可能であるため、画像データ間のマッチングを高速に実行できる。

byobu.exe　2001 年に歴博が開発した超大画像自在閲覧システム。Windows 上で動くアプリケーション。2000 年に開発した「超拡大！江戸図屏風」を汎用化したもの。DeepZoom と同様に、倍率ごとに用意されたタイル画像を用いて、高精細画像を表示する。

byobu32x.ocx　2007 年に歴博が開発した超大画像自在閲覧システム。Internet Explorer 上の Active X プラグインとして動作する。歴博総合展示第 3 展示室において高精細画像を含むデジタルコンテンツを提供するために開発した。画面レイアウトをかなり自由にカスタマイズすることができる。高精細画像のデータ形式は byobu.exe と同一。

C

core Builder メリーランド大学において開発されているXMLの編集ツール。特にTEI準拠のマークアップをWebブラウザ上でメニュー選択操作で行うことができる (https://github.com/raffazizzi/coreBuilder)。

Creative Commons(CC) クリエイティブ・コモンズは、クリエイティブ・コモンズ・ライセンス（CCライセンス）を提供している国際的非営利組織とそのプロジェクトの総称。CCライセンスは、著作権のあるコンテンツを新たなかたちで利用させるためのツール。CC0以下合計7種類のライセンスが提供されている (https://creativecommons.org/)。

CWRC writer Canadian Writing Research Collaboratory（CWRC）が開発しているWYSIWYG (What You See Is What You Get) のXMLエディター。WebブラウザでXMLの文書を編集することが可能 (https://github.com/cwrc/CWRC-WriterBase)。

D

DCMI Metadata Terms ごく基本的なメタデータしか表現できないダブリンコアを拡張するために提案されたメタデータ記述のための語彙セット。ダブリンコアの語彙も含めた55種類の語彙によって構成される。

DeepZoom Microsoftによって開発された、Webブラウザ上で高精細画像をスムーズに表示するための技術。画像を倍率ごとにタイル状に分割することで、ネットワーク通信量を抑えながら高精細画像の表示を可能にしている (https://www.microsoft.com/silverlight/deep-zoom/)。

DOI デジタルオブジェクト識別子（Digital Object Identifier）。Web上のデジタルデータに与えられる識別子。この識別子を付与することで、ユーザーと提供者の間にDOIディレクトリを経由させることができ、それによりデータのURLが変更されてリンク切れになるなどの事態を防ぐことができる。

E

EAD 符号化記録史料記述（Encoded Archival Description）。アーカイブズ資料の目録記述を電子符号化する方法の国際標準。XML・SGMLを使用して資

料のメタデータを記述する（https://www.loc.gov/ead/）。

F

FAST Features from Accelerated Segment Test. 画像データ中の特徴的な箇所を検出するアルゴリズムのひとつ。与えられた画像に含まれるコーナーを高速に検出することができる。

FOAF Friend of a Friend. 人とその交友関係についての諸情報を機械可読形式で記述することを目指す実験的なプロジェクト。http://www.foaf-project.org で運営されており、RDF を含むセマンティック Web の基礎技術が用いられている。

G

GitHub 分散ソースコード管理システムである git をベースにしたソースコード共有サービス。Linux を含むさまざまなオープンソース・プロジェクトが GitHub を利用している。2018 年に Microsoft 社によって買収された（https://github.co.jp/）。

H

HuTime暦変換サービス HuTime プロジェクトが提供する機能のひとつ。和暦や西暦など、異なる暦で示された時間情報を相互に変換することができる（http://www.hutime.jp/basicdata/calendar/form.html）。

I

IIIF International Image Interoperability Framework. デジタルアーカイブにおいて公開される画像にアクセスするための標準的 API を定める国際標準。デジタルアーカイブの画像資料は、公開機関によってバラバラな形式で提供されていたが、2011 年に大英図書館やスタンフォード大学などの共同作業を通じて、画像データに対する標準的なアクセスを定める IIIF のバージョン 1.0 が公開された。画像データへのアクセス手段を与える Image API、書誌データやアノテーションも含めたデータ公開形式を定める Presentation API など、2019 年時点で 4 つの API によって構成されている（https://iiif.io/）。

IRG Ideographic Rapporteur Group. ISO/IEC 10646 および Unicode への漢字の追加に対して検討を行う専門家のグループ。中国、日本、韓国を含む漢字使用国から招待された専門家により構成される。

ISAD(G) 国際標準記録史料記述（General International Standard Archival Description）。アーカイブズ資料目録記述の国際標準であり、第 1 版は 1994 年に国際文書館評議会（International Council on Archives; ICA）の記述標準特別委員会にて採択された。現行の第 2 版（ISAD(G)2nd）は 2000 年 9 月に行われた ICA 国際会議にて採択された（https://www.ica.org/en/isadg-general-international-standard-archival-description-second-edition）。

ISO/IEC 10646 電子符号化方式や符号化文字集合などを定める文字コードの国際標準規格。業界規格である Unicode と互換性を持つ。

J

JSONフォーマット JavaScript Object Notation. プログラミング言語の JavaScript でデータをテキスト表現する際に利用されるフォーマット。Web 上のデータ交換フォーマットとして XML と並んで広く利用される。

K

KMNIST 2018 年に人文学オープンデータ共同利用センター（CODH）が公開した、「くずし字」の文字画像データセット（Kuzushiji-MNIST）。MNIST と互換性のある形式で公開されており、機械学習研究に容易に利用することができる（http://codh.rois.ac.jp/kmnist/）。

L

Linked Open Data 構造化されたデータ同士を URI を介して「リンク」させたデータを Linked Data（LD）と呼ぶ。Linked Open Data（LOD）とは、Linked Data のうち、Creative Commons などのオープンライセンスで提供されるデータを指す（http://linkeddata.org/）。

M

MARC 機械可読目録（MAchine-Readable Cataloging）。図書館資料の目録を電

子化するための国際的標準フォーマット。

Mediawiki ユーザーによるWebページの内容編集を可能にするオープンソースのウィキシステムのひとつ。Wikipediaおよびその姉妹プロジェクトで利用されている（https://www.mediawiki.org）。

Mirador スタンフォード大学を中心に開発されているオープンソースのIIIF画像ビューワー。https://projectmirador.org で公開されている。

MNISTデータセット 機械学習の分野で画像認識のタスクに用いられるデータセットのひとつ。7万枚の手書き文字の数字画像から構成される（http://yann.lecun.com/exdb/mnist/index.html）。

O

OAIS参照モデル Reference Model for an Open Archival Information System. コンテンツに合わせて表現情報・コンテクスト情報・来歴情報・不変性情報などを同時に保存してひとつの情報パッケージとして理解する。そしてこの情報パッケージを流通の段階ごとに制御し、変更の情報やコンテンツの関連情報を同時に記録することを通じて、データを長く保存することを目指したモデル。

OCR 光学文字認識（Optical Character Recognition）。印刷された文書をスキャンし、そこに書かれている文字を電子テキストに変換する技術およびソフトウエアのこと。

Omeka 図書館、博物館、美術館などのWeb展示を作成するためのコンテンツマネジメントシステム（CMS）。https://omeka.org で公開されている。

Open Annotation Web上のリソースにアノテーションを付与する方式やそのデータモデルについて検討を行っていた、標準化団体W3C下のコミュニティ・グループ。2013年に活動を停止し、その活動は同じくW3C下のWeb Annotationワーキンググループに引き継がれた。

OpenCV コンピュータビジョンの分野で広く使用されているオープンソースのライブラリ（ライブラリとは、頻繁に利用されるプログラム中の処理をパッ

ケージし、共有可能にしたもの）。画像認識分野で使用されるさまざまなアルゴリズムが標準機能として実装されている。

OpenSeadragon　DeepZoom 形式の画像ファイルの表示に対応したJavaScript ライブラリ。Microsoft 社によって開発されていたがオープンソース化された（https://openseadragon.github.io/）。

Oxygen XML Editor　Syncro Soft 社によって開発されている高機能なXML 編集用ソフトウエア。TEI テクストの編集を支援するさまざまな機能を提供しており、TEI コミュニティでは広く使用されている（https://www.oxygenxml.com/）。

P

Presentation API　IIIF を構成する API のひとつ。画像資料の公開形式を「マニフェスト」と呼ばれる JSON-LD 形式のファイルによって指定する（https://iiif.io/api/presentation/2.1/）。

Q

QGIS　地理情報システム（GIS）ソフトウエアのひとつで、地理情報の閲覧、編集、分析が可能。オープンソースのソフトウエアであり、無償で利用することができる（https://www.qgis.org/）。

R

RANSAC　RANdom SAmple Consensus. 与えられた観測値に外れ値が含まれる可能性を考慮し、その影響を最小限に抑えるための「ロバスト推定」を実現するアルゴリズムのひとつ。

RDF　Resource Description Framework. Web 上のメタデータを記述するために用いられる汎用データモデル。主語−述語−目的語の組である「トリプル」によってメタデータを表現する。セマンティック Web の基礎技術のひとつ。

Rights Statement　DPLA と Europeana によって作成された権利のあり方を示す表記。CC が著作権のライセンスを示すのに対し、Rightsstatements は権利がどのような状態になっているかを端的に示すものとして用いられる。

著作権の有無（不明を含む）、それ以外の権利制限の有無などを示すことができる（Rights Statement.org）。

S

Script Encoding Initiative　少数民族が使用するマイナーな文字や、歴史的な書記体系で使用されていた文字のUnicodeへの登録をサポートする団体。カリフォルニア大学バークレー校の言語学部を拠点として活動している（http://www.linguistics.berkeley.edu/sei/index.html）。

T

TAPAS　TEIテキストを保存・公開するための共用レポジトリ。TEIコンソーシアムや米国博物館・図書館サービス機構（IMLS）、全米人文学基金（NEH）などの助成のもと運営されている（http://www.tapasproject.org）。

TEI　Text Encoding Initiative. 文学作品や歴史資料などの人文学資料をXMLでエンコード（符号化）する際のガイドラインを策定する団体およびこの団体によるガイドライン（https://tei-c.org/）。

TEILib　Best Practices for TEI in Libraries. 図書館においてTEI準拠のテキストデータを作成するためのガイドライン。

Transcribe Bentham　功利主義の提唱者として知られる哲学者J. ベンサム（1748-1832）による60,000ページに及ぶ全集未収録の遺稿を、ボランティアの手によりオンラインで文字起こしするプロジェクト。ユニバーシティー・カレッジ・ロンドン（UCL）によって運営されている。

U

Unicode　文字の電子符号化方式や符号化文字集合を定めた文字コードの業界規格。日本語を含む世界中の文字体系に対応しており、2019年時点の最新バージョンであるUnicode 12.0は、150言語（scripts）にわたる137,928文字をカバーしている。Unicodeの管理運営はユニコード・コンソーシアムによって担われている。

URI　Universal Resource Identifier. インターネット上に存在するリソース（資

源）を指し示すための識別子。リソースの「場所」を指し示す URL（Universal Resource Locator）の概念を拡張したもの。

X

XML Extendsiblee Markup Language. 任意の用途について拡張可能なマークアップ言語。Web 上のデータ交換の標準フォーマットとして広く利用されている。その前身である SGML からの移行を目的として開発され、1998 年に最初の仕様が策定された。

Z

Zoomify Zoomify 社が提供する高精細画像を Web ブラウザ上でスムーズに表示するための JavaScript ライブラリ。簡便なビューワーは無料で使える。画像の作成環境やカスタマイズ可能なソースコード、技術サポートなどの提供は有料。PhotoShop は Zoomify 形式画像の作成機能を持っており、高精細画像を手軽に作成することができる（http://www.zoomify.com/）。

人文情報学に関する学会・学会誌をご紹介します。

海外

Alliance of Digital Humanities Organization（ADHO）

ALLC・ACH・SDH/SEMI の連合で作られ、現在では世界各地の DH 学会の連合体となっている。年 1 回、最大の国際会議を開催。

▶**学会 HP** https://adho.org/

なお、この関連団体として現在下記のような団体がある。

The European Association for Digital Humanities

ヨーロッパ DH、旧 ALLC（Association for Literary and Linguistic Computing）。

▶**学会 HP** https://eadh.org/

Association for Computers and the Humanities（ACH）

▶**学会 HP** https://ach.org/

Canadian Society for Digital Humanities /
Société canadienne des humanités numériques（CSDH/SCHN）

カナダ ▶**学会 HP** http://csdh-schn.org

Australasian Association for Digital Humanities（aaDH）

オーストラリア ▶**学会 HP** https://aa-dh.org/

Digital Humanities Association of Southern Africa（DHASA）

南アフリカ ▶**学会 HP** http://digitalhumanities.org.za/

Taiwanese Association for Digital Humanities（TADH）

台湾 ▶**学会 HP** http://tadh.org.tw/en/

学会誌

DIGITAL HUMANITIES QUARTERLY（DHQ）

▶**学会 HP** http://www.digitalhumanities.org/dhq/

ADHO によって刊行されている DH 分野のオンライン査読誌。掲載記事は

すべてオープンアクセスで公開される。

Digital Scholarship in the Humanities（DSH）

▶ 学会HP　https://academic.oup.com/dsh

ADHOの委託のもと、オックスフォード大学出版局により刊行されているDH分野の査読誌。ADHOの会員はオンラインで記事を購読できる。

JOURNAL OF THE TEXT ENCODING INITIATIVE

▶ 学会HP　https://journals.openedition.org/jtei/

人文学資料の構造化記述ガイドラインの策定団体 Text Encoding Initiative（TEI）によって刊行されるオンライン査読誌。

日本

人文科学とコンピュータ研究会（IPSJ SIG Computers and the Humanities）

情報処理学会（https://www.ipsj.or.jp/）の研究会のひとつ。国内最大のシンポジウム「人文科学とコンピュータシンポジウム（通称「じんもんこん」）」を年1回、通常の研究会を年3回開催している。研究会ごとに予稿集を発行。また、シンポジウムは査読付き予稿集として刊行されている。2年に1度ほど、情報処理学会論文誌で人文科学とコンピュータを特集。

▶ 学会HP　http://www.jinmoncom.jp/

▶ 刊行物アーカイブ　https://ipsj.ixsq.nii.ac.jp/ej/index.php?action=pages_view_main&active_action=repository_view_main_item_snippet&index_id=4961&pn=1&count=20&order=7&lang=japanese&page_id=13&block_id=8

日本デジタル・ヒューマニティーズ学会

Japanese Association for Digital Humanities（JADH）

ADHOに加盟している団体。国内での総会が年1回開催される。英語論文誌『The Journal of the Japanese Association for Digital Humanities』に加え、日本語論文誌『デジタル・ヒューマニティーズ』を刊行。

▶ 学会HP　https://www.jadh.org/

▶ 刊行物アーカイブ（J-STAGE）

Journal of the JADH：https://www.jstage.jst.go.jp/browse/jjadh/-char/en
デジタル・ヒューマニティーズ：https://www.jstage.jst.go.jp/browse/jadh/list/-char/ja

情報知識学会

図書館情報学に近い分野の研究が多い。年次大会と情報知識学フォーラムを年1回、そのほかに部会・研究会・懇話会が活動している。学会誌『情報知識学会誌』を年4回刊行。全号 Web 上でオープンアクセス。

▶ **学会 HP**　http://www.jsik.jp/　　▶ **刊行物アーカイブ**　http://www.jsik.jp/?archive

アート・ドキュメンテーション学会

美術館・博物館の関係者が多い。大会を年1回、研究会を2〜4回開催。学会誌は、会員のみ配布の『アート・ドキュメンテーション通信』（季刊）、『アート・ドキュメンテーション研究』（年刊）などを刊行。

▶ **学会 HP**　http://www.jads.org/

デジタルアーカイブ学会

近年のデジタルアーカイブの隆盛を受けて作られた学会（2017年設立）。大会を年1回、そのほかにシンポジウム、定例研究会、部会、支部などが活動している。学会誌『デジタルアーカイブ学会誌』は年4回刊行。全号 J-STAGE 上で閲覧可能。

▶ **学会 HP**　http://digitalarchivejapan.org/
▶ **刊行物アーカイブ（J-STAGE）**　https://www.jstage.jst.go.jp/browse/jsda/-char/ja

漢字文献情報処理研究会

特に東洋学におけるデジタル化や研究技法を検討。大会を年1回、シンポジウムを年1回程度開催。機関誌『漢字文献情報処理研究』を年1回刊行。

▶ **学会 HP**　http://jaet.sakura.ne.jp/
▶ **刊行物アーカイブ**　http://jaet.sakura.ne.jp/?%E5%87%BA%E7%89%88%E7%89%A9

東洋学へのコンピュータ利用

学会ではないが、年に一度研究セミナーを開催し、予稿集を発行している。

▶ **刊行物アーカイブ**　http://kanji.zinbun.kyoto-u.ac.jp/seminars/oricom/

> 大学
> 案内

広く人文情報学について専門的に学べる大学・大学院をご紹介します。

筑波大学

情報学群　知識情報・図書館学類
図書館情報メディア研究科　図書館情報メディア専攻（大学院）
- **▶ 知識情報・図書館学類**　http://klis.tsukuba.ac.jp/
- **▶ 図書館情報メディア研究科**　http://www.slis.tsukuba.ac.jp/grad/

東京大学

文学部　人文学科　日本史学専修課程
人文社会系研究科　日本文化研究専攻（大学院）
デジタル・ヒューマニティーズ教育プログラム（大学院）
- **▶ 大学院人文社会系研究科・文学部**　http://www.l.u-tokyo.ac.jp/
- **▶ デジタル・ヒューマニティーズ教育プログラム**　http://dh.iii.u-tokyo.ac.jp/

同志社大学

文化情報学部　文化情報学科　文化資源学コース
文化情報学研究科　文化情報学専攻　文化資源学コース（大学院）
- **▶ 文化資源学コース**　https://www.cis.doshisha.ac.jp/course/culturalresources/

立命館大学

文学部　人文学科　日本文化情報学専攻、地理学専攻
文学研究科　行動文化情報学専攻　文化情報学専修（大学院）
- **▶ 文学部**　http://www.ritsumei.ac.jp/lt/
- **▶ 文学研究科文化情報学専修**　http://www.ritsumei.ac.jp/gslt/introduce/major/major14.html

執筆者一覧

❶＝現職　❷＝専門分野　❸＝主要著書・論文

◉ 編者

後藤 真・橋本雄太　→奥付参照

◉ 執筆者（掲載順）

山田太造（やまだ　たいぞう）

❶東京大学史料編纂所前近代日本史情報国際センター助教　❷データ工学、歴史情報学　❸山田太造「ガラス乾板に関するデータはどこに向かうのか」（久留島典子・高橋則英・山家浩樹編『文化財としてのガラス乾板』勉誠出版、2017年、180-183頁）、山田太造・畑山周平・小瀬玄士・遠藤珠紀・井上聡・久留島典子「前近代日本史史料における人物関係とその時空間変化：天正期古記録『上井覚兼日記』を例に」（『人文科学とコンピュータシンポジウム論文集：じんもんこん 2017』2017年 12月、61-68頁）、山田太造「文字データベース連携の課題」（石塚晴通監修／髙田智和・馬場基・横山詔一編『漢字字体史研究　二』勉誠出版、2016年、395-419頁）

中村 覚（なかむら　さとる）

❶東京大学情報基盤センターデータ科学研究部門助教　❷デジタルアーカイブ、Linked Data、人文情報学　❸中村覚・大和裕幸・稗方和夫・満行泰河・鈴木淳・吉田ますみ「Linked Data を用いた歴史研究者の史料管理と活用を支援するシステムの開発」（『情報処理学会論文誌』Vol.59、No.4、2018年、1240-1249頁）、中村覚「Linked Data を用いた軍艦オントロジーの構築と平賀譲デジタルアーカイブへの活用」（『人文科学とコンピュータシンポジウム論文集：じんもんこん 2017』2017年 12月、133-138頁）、中村覚・稗方和夫・満行泰河・加藤諭・宮本隆史・髙嶋朋子「『文部省往復』を中心としたデジタルアーカイブの構築とその活用」（『東京大学文書館紀要』No.35、2017年、30-43頁）

北本朝展（きたもと　あさのぶ）

❶情報・システム研究機構 データサイエンス共同利用基盤施設 人文学オープンデータ共同利用センター センター長／国立情報学研究所 コンテンツ科学研究系准教授　❷情報学　❸北本朝展・堀井洋・堀井美里・鈴木親彦・山本和明「時系列史料の人機分担構造化：古典籍『武鑑』を参照する江戸情報基盤の構築に向けて」（『人文科学とコンピュータシンポジウム論文集：じんもんこん 2017』2017年 12月、273-280頁）、西村陽子・北本朝展「ディジタル史料批判と歴史学における新発見」（『人工知能学会誌』Vol. 31、No. 6、2016年 11月、769-774頁）、北本朝展「デジタル・アーカイブの鍛え方～公開から始まる継続的な改善を駆動する方法論」（岡本真・柳与志夫編『デジタル・アーカイブとは何か − 理論と実践』勉誠出版、2015年、157-180頁）

天野真志（あまの　まさし）

❶国立歴史民俗博物館特任准教授　❷日本近世・近代史、資料保存　❸『記憶が歴史資料になるとき』（蕃山房、2016年）、「秋田藩佐竹家中長瀬氏系図の成立と旧領常陸」（近代茨城地域史研究会編『近世近代移行期の歴史意識・思想・由緒』岩田書院、2017年）、「地域歴史資料と災害対策」（『文化財保存修復学会誌』60、2017年）

関野　樹（せきの　たつき）

❶国際日本文化研究センター教授　❷時間情報学　❸関野樹「コンピューターによる時間情報の記述と活用」（国立歴史民俗博物館編『〈総合資料学〉の挑戦 異分野融合研究の最前線』吉川弘文館、2017年、76-97頁）、Tatsuki Sekino, Basic linked data resource for temporal information. *Proceedings of the 2017 Pacific Neighborhood Consortium Annual Conference and Joint Meetings* (PNC), 76-82, 2017.、関野樹「Web HuTime － 時間情報のためのWebプラットフォーム」（『情報処理学会シンポジウムシリーズ』2016(2)、2016年、125-132頁）

鈴木卓治（すずき　たくじ）

❶国立歴史民俗博物館教授　❷博物館情報システム学　❸鈴木卓治・大久保純一「江戸図屛風を起点に他の風景と比べたら何がわかるか？」（国立歴史民俗博物館編『歴史研究と〈総合資料学〉』吉川弘文館、2018年、34-55頁）、『画像色彩技術を用いた錦絵画像の色彩分析とデジタル展示』（千葉大学大学院融合科学研究科博士論文、2015年、https://opac.ll.chiba-u.jp/da/curator/900119186/）、鈴木卓治編『〈共同研究〉デジタル化された歴史研究情報の高度利用に関する研究』（『国立歴史民俗博物館研究報告』189、2015年、http://id.nii.ac.jp/1350/00002140/）

永崎研宣（ながさき　きよのり）

❶一般財団法人人文情報学研究所主席研究員　❷人文情報学、仏教学　❸Kiyonori Nagasaki, Contexts of Digital Humanities in Japan,Digital Humanities and Scholarly Research Trends in the Asia-Pacific,*IGI Global*, Jan 2019, pp. 71-90.、永崎研宣・下田正弘「オープン化が拓くデジタルアーカイブの高度利活用：IIIF Manifests for Buddhist Studiesの運用を通じて」（『人文科学とコンピュータシンポジウム論文集：じんもんこん2018』2018年12月、389-394頁）、永崎研宣「インド学仏教学を未来につなぐために－研究資料ネットワークの再形成に向けて－」（『印度学仏教学研究』2017年3月、1015-1022頁）

大河内智之（おおこうち　ともゆき）

❶和歌山県立博物館主査学芸員　❷日本美術史　❸『道成寺と日高川－道成寺縁起と流域の宗教文化－』（和歌山県立博物館、2017年）、『さわって学ぶ 仏像の基礎知識』（和歌山県立博物館施設活性化事業実行委員会、2017年）、「成立期の丹生高野四社明神像について－鋳造神像とその木型－」（『佛教藝術』346、2016年）、「熊野－聖地への旅－」（和歌山県立博物館、2014年）、「さわれるレプリカとさわって読む図録－展示のユニバーサルデザイン－」（『博物館研究』549、2014年）、『高野山麓 祈りのかたち』（和歌山県立博物館、2012年）

執筆者一覧　207

[監修]

国立歴史民俗博物館

千葉県佐倉市城内町にある、日本の考古学・歴史・民俗について総合的に研究・展示する博物館。通称、歴博（れきはく）。歴史学・考古学・民俗学の調査研究の発展、資料公開による教育活動の推進を目的に、昭和 56 年に設置された「博物館」であり、同時に大学を中心とする全国の研究者と共同して調査研究・情報提供等を進める体制が制度的に確保された「大学共同利用機関」。現在、基幹的な研究として「総合資料学の創成」事業を推進する。

〒 285-8502 千葉県佐倉市城内町 117　https://www.rekihaku.ac.jp/index.html

[編者]

後藤 真（ごとう　まこと）

国立歴史民俗博物館准教授。専門分野は人文情報学、総合資料学。主要論文に、「日本における人文情報学の全体像と総合資料学」（国立歴史民俗博物館編『歴史研究と「総合資料学」』吉川弘文館、2018 年）、「総合資料学の射程と情報基盤」（国立歴史民俗博物館編『＜総合資料学＞の挑戦』吉川弘文館、2017 年）、「アーカイブズからデジタル・アーカイブへ」（NPO 知的資源イニシアティブ編『アーカイブのつくりかた』勉誠出版、2012 年）など。

橋本雄太（はしもと　ゆうた）

国立歴史民俗博物館助教。専門分野はデジタル人文学、近代西洋科学史。主要論文に、「みんなで翻刻プロジェクト」（『日本歴史』848 号、2019 年 1 月、68-73 頁）、Minna de Honkoku: Learning-driven Crowdsourced Transcription of Pre-modern Japanese Earthquake Records. *In Proceedings of Digital Humanities 2018*, pp. 207-210, July 2018. など。

歴史情報学の教科書
歴史のデータが世界をひらく

2019（平成 31）年 4 月 17 日　第 1 版第 1 刷発行
2019（令和元）年 5 月 17 日　第 1 版第 2 刷発行

ISBN978-4-909658-12-8　C0020　著作権は各執筆者にあります。本書は CC BY-SA のもとで提供されます。

発行所　株式会社 文学通信
　〒 115-0045　東京都北区赤羽 1-19-7-508
　電話 03-5939-9027　Fax 03-5939-9094
　メール info@bungaku-report.com　ウェブ http://bungaku-report.com

発行人　岡田圭介
印刷・製本　モリモト印刷

ご意見・ご感想はこちらからも送れます。上記のQRコードを読み取ってください。

※乱丁・落丁本はお取り替えいたしますので、ご一報ください。書影は自由にお使いください。